## はじめに

わたしにはこどもが2人いて「どんなことがあってもこどもを守れる」と思っていました。しかし災害はいつどんな状況でおきるかわかりません。東日本大震災がおこったとき、こどもといつもいっしょにいられるわけではないことに気づき、「こどもを守りたい」から「自分の身を自分で守れるようになってもらいたい」と思うようになりました。それには、こども自身が防災力を身につける必要があります。たとえば家族や友だちと防災について話をする。災害食を食べてみる。携帯トイレを使ってみる。防災館に行ってみる。地域の防災訓練に参加する。たくさん経験することで、とっさのときに命を守れる力が育ちます。家族みんながそれぞれ防災力を身につけ、災害を生きのびてください。「生きていればかならずまた会える。だからなにがあっても生きぬいて」。わが子に伝えている言葉を、全国のみなさんにもとどけたいと思います。

親子で学ぶ防災教室

# 身の守りかたが
# わかる本

今泉マユ子 著

理論社

# もくじ

📖 **1時間目　命を守る行動①**
## 地震！その瞬間どうする？

学校でゆれたら①…04
学校でゆれたら②…06
学校で気をつけること…08
通学路でゆれたら…10
家でゆれたら①…14
家でゆれたら②…16
自宅で気をつけること…18
のりものでゆれたら…20
町の中でゆれたら…21
海でゆれたら…22
山でゆれたら…23
津波から身を守る！…24
ふだんから地震にそなえて危険をへらそう…26
危険から身を守るには？…30

📖 **2時間目　命を守る行動②**
## 地震！そのあとどうする？

地震の後どうしたらいいの？…34
地震直後にすること…36
やってはダメな行動…38
余震のそなえと避難の準備…40
停電したときの明かり…42
地震後の火災をふせぐ…44
あわてる危険・あわてない危険…46

📖 **3時間目　命を守る行動③**
## 災害！そのときどうする？

台風が近づいているとき…48
大雨・集中豪雨のとき…52
土砂災害の危険があるとき…54
雷が近づいてきたら…56

大雪がふったら…58
火山が噴火したら…60
テロ・武力攻撃にあったとき…62
感染症の流行にも注意！…64

📖 **4時間目　身を守るための避難**
## いつ・どうやって避難する？

情報をあつめる…66
正しい情報を見きわめる…68
どこに避難すればいいの？…70
避難勧告と避難指示って？…72
避難するときにやること…74
家族などへの連絡…76
避難の服装…78
ペットと避難…80
にげおくれないためには？…82
避難時の体調管理…84
災害とトイレ…86
避難するとき・避難したあと、どうだった？…88

📖 **5時間目　やってみよう！**
## 体験で防災力アップ

生きる力＝防災力を身につける…90

〈やってみよう！6つのチャレンジ〉
1. 防災マップを作ろう…92
2. やってみよう防災さんぽ…94
3. 非常持出袋をもってみる…96
4. アウトドアで防災ランチ…98
5. 使ってみよう携帯トイレ…100
6. 停電ごっこ＆断水ごっこ…102
もしもに役立つ！サバイバル術…104
遊びながら防災体験…108
地域の防災館へ行ってみよう…110

## 1時間目

### 命(いのち)を守(まも)る行動(こうどう) ①

# 地震(じしん)！その瞬間(しゅんかん)どうする？
## きほんの身(み)の守(まも)りかた

＼どこにいても!!／
身(み)を守(まも)る3つのルール
① 見る
② 聞く
③ かぐ
で、おかしなことやあぶないことに気づこう！

# 地震！どうする？ 学校でゆれたら①

いちばん大切なのは落ちてくるものなどから頭を守ることです。

近くに入れる教室がなければその場でしゃがみ、頭や手足を守って。

## これに気をつけて！

地震では「落ちてくるもの・動いてくるもの・たおれてくるもの・われるもの」が危険。よく見て、よけたり、はなれたりしましょう。

高温の液体、われたガラス、とがった刃物などでケガしないように。

本だな、ロッカー、げたばこ、音楽室のピアノなど、たおれてくるものからにげる！

# 地震！どうする？ 学校でゆれたら②

校舎のガラスがわれて落ちてくるかもしれないので、はなれて！

安全な広い空間（校庭のまん中）で、ゆれがおさまるまでまちましょう。

天井やかべがはがれたり、照明や窓ガラスがわれたりすることも。

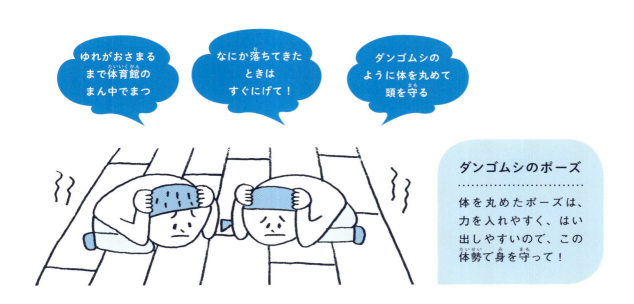

**ダンゴムシのポーズ**

体を丸めたポーズは、力を入れやすく、はい出しやすいので、この体勢で身を守って！

落ちてくるものなどから身を守るため、体育館のまん中へ！

# ◆ 学校で気をつけること

**教室のあぶない場所＆行動**

**かべ**
黒板やかべかけ時計、がくぶち、エアコンなどが落ちてくるかもしれません。

**たな・ロッカー**
上においたものや中にある本がとんだり、たなそのものがたおれてきたりする危険が。

**イスなど**
キャスターつきのイスやテレビ台などは動いてせまってくるかも。

**たなの水そう**
たなやロッカーの上に水そうや花びんがあると、落ちてわれたり、水がとび出すかも。

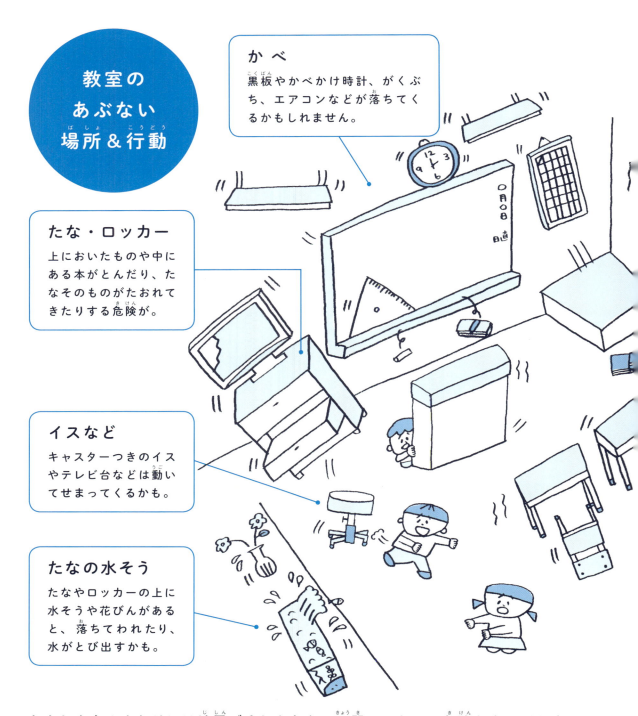

わたしたちのまわりには地震でゆれたときに凶器にかわる、危険なものがたくさんあります。あぶないものや近づかないほうがいい場所、やってはいけない行動を知って、どうしたらケガをしないか考え、身を守る練習をしてみてください。

### 天井
天井の照明が落ちると危険です。われて、はへんがふってくるかもしれません。

### 窓ガラス
窓ガラスになにかがぶつかってわれることも。近くにいたら、そこからはなれましょう。

### あわてない！
あわてて走り出したり、教室の外にとび出したりするのはあぶないのでやめましょう。

### おしゃべりはだめ！
先生の話をよく聞きましょう。おしゃべりはせず、先生の指示にしたがって行動して。

### 避難の合言葉は お・は・し・も
避難するときは「おさない・走らない・しゃべらない・もどらない」がルール。あせって走り出したりせず、先生の指示にしたがって落ちついて行動しましょう。

# 地震！どうする？ 通学路でゆれたら

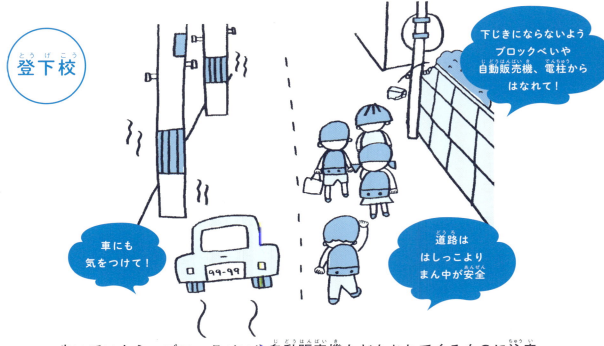

歩いていたら、ブロックべいや自動販売機などたおれてくるものに注意。

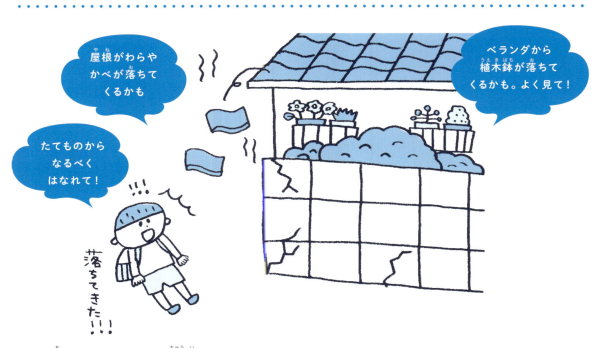

落ちてくるものに注意。なるべくたてものに近づかないようにしましょう。

### 道路のはしを歩かない！

通学路では、ブロックべい・屋根がわら・自動販売機・電柱などが危険です。道のはしを歩いていたら、まん中へ！

切れた電線はとてもあぶないので、さわらないように気をつけて。

**ランドセルのふた（かぶせ）で頭を守る！**

帽子がないときはランドセルのふた（かぶせ）を頭の上に。絵の姿勢で、頭、首、背中など体の大切な部分を守って。

登下校中にゆれたら、車がこない場所で低い姿勢になり頭を守って。

# ◆学校の行き帰りのあぶないもの

## 近づかないほうがよいかべ

**足してあるかべ**
間につなぎ目があると、そこからおれるかも。

**ななめのかべ**
かたむいたかべは、たおれてくる可能性が。

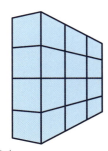
**重たい石のかべ**
かべに使った石は一つ一つが大きく、重くて危険。

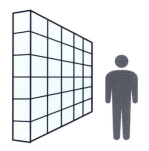
**とても高いかべ**
自分の背よりも高さのあるかべに注意！

**ひびのあるかべ**
いつくずれるかわからないので近づかない。

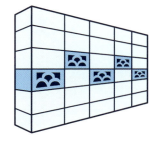
**もようのあるかべ**
すかしもようが入ったかべは、くずれやすい。

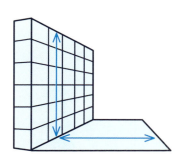
**道はばより高いかべ**
にげ場がないので、こういう道は通らない！

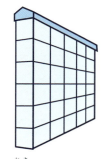
**上に重ねてあるかべ**
重ねてあるものがくずれて落ちてくるかも。

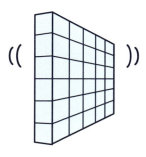
**ぐらぐらするかべ**
ふだんからたおれやすいので、近づかない。

## こんな屋根はあぶない！

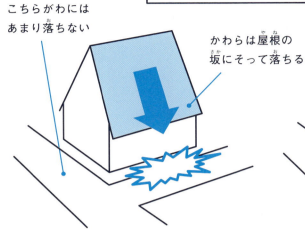

### 角度の急な屋根
雪の多い地域に多い、角度が急な屋根。屋根がわらが速いスピードで落ちてきて危険です。

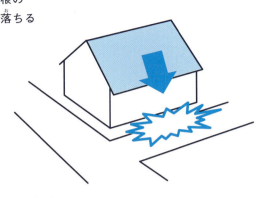

### 道路ぎりぎりに建っている家
地震でゆれて屋根やかべがはがれ落ちたとき、道路に落ちやすいので気をつけましょう。

## 落ちるもの・たおれるものがあぶない！

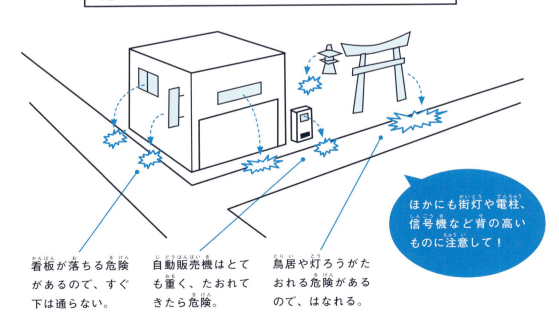

**看板が落ちる危険があるので、すぐ下は通らない。**

**自動販売機はとても重く、たおれてきたら危険。**

**鳥居や灯ろうがたおれる危険があるので、はなれる。**

ほかにも街灯や電柱、信号機など背の高いものに注意して！

P12-13は島崎敢さん（防災科学技術研究所）による「ちかづかないほうがよいかべ」などにもとづき作成しました。

# 地震！どうする？ 家でゆれたら ①

学校の教室と同じように、つくえの下にもぐって脚をつかみましょう。

クッションなど近くにあるもので頭をおおい、落ちてくるものに注意。

たおれてくるものがなければ、その場でふとんをかぶり頭を守って。

動いてくるものに気をつけ、大きな家具や家電からはなれて！

# 地震！どうする？ 家でゆれたら②

火事にならないよう火を消すのは大切ですが、ムリはしないように！

ゆれると凶器に変わるものが多いので、ゆれたらキッチンからはなれて。

とじこめられないよう、ゆれたらその瞬間にドアをあけましょう。

おふろにいたらドアをすぐあけ、いつでもにげられる用意を！

# ◆自宅で気をつけること

## 家の中のあぶないもの

**窓ガラス**
われた窓ガラスのはへんがとびちると、とても危険です。はなれましょう。

**動くものに注意**
キャスターつきワゴンなど動いてくるものに気をつけて！

**大きな窓のそば**
南側などに多い、光をとりこむ大きな窓。家が倒壊したとき、そちらにかたむく危険が。

**窓の近くの植木鉢**
ベランダなど窓の近くに植木鉢があると、ぶつかって窓がわれるかもしれません。

## ほかに気をつけること

・家具が多い部屋はにげ場が少なくて危険！
・ドアの前や通路にものがあるとにげられない！
・家具がたおれてドアがあかなくなることも
・玄関の水そうや花びんはわれたりすると避難のさまたげになるかも

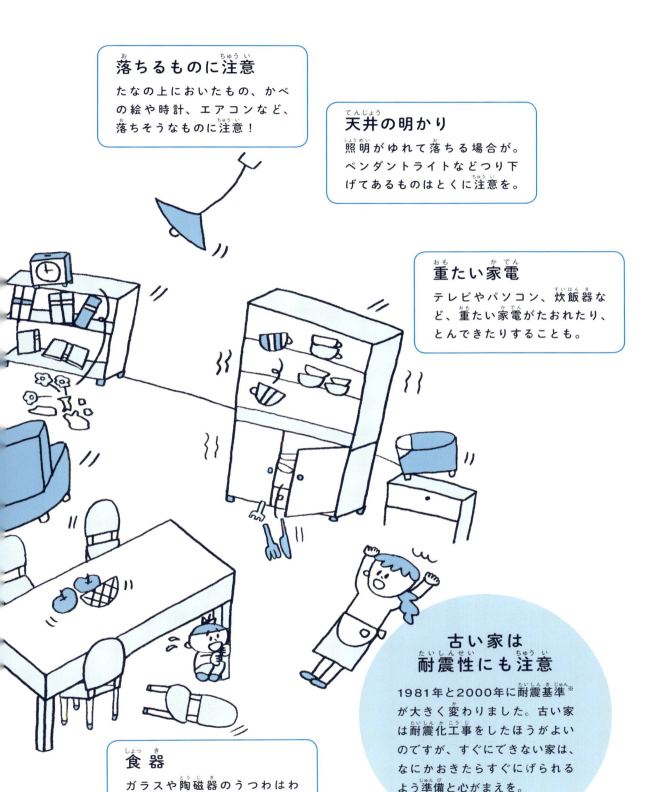

# 地震！どうする？ のりものでゆれたら

手すりなどにつかまり、身を低くしてバッグなどで頭をおおって。

電車でもバスでも、あわてて外へとび出すと、対向車などであぶない！

# 地震！どうする？ 町の中でゆれたら

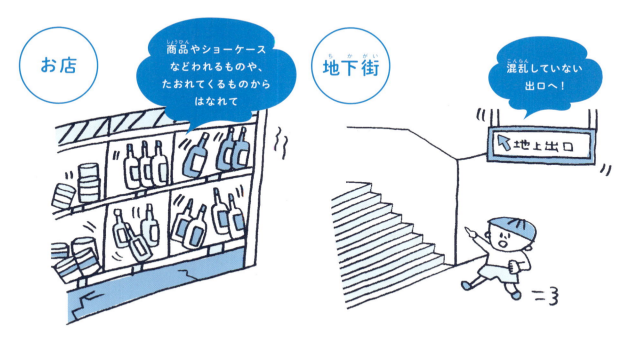

落ちついて行動しましょう。われたガラスなどをふまないようにして、避難を。

ゆれがおさまっても、エレベーターやエスカレーターは使わないでください。

# 地震！どうする？ 海でゆれたら

海辺

すぐに高台へ

または近くのがんじょうなビルの上の階や津波避難タワーへ！

各自でそれぞれにげる！

津波にそなえてすぐに高台へ。高台が遠ければ、近くの高いビルへ！

津波は川にもきます！

すぐに高いたてものの上の階へ

海から川をさかのぼって津波がおしよせます。すぐににげて！

# 地震！どうする？　山でゆれたら

山に背中をむけていると落石や異変に気づかないかも。よく見て！

土砂くずれや土石流の前ぶれ（P55）に気づいたら、すぐにげる！

◆ 津波から身を守る！

> にげるときにやってはダメ！

**車にのるのは危険！**
車だと道が渋滞したときに身動きがとれなくなり、にげられなくなります。車にのらずに徒歩でにげてください。

**家にもどるのは危険！**
避難したら、もし波がひいても、荷物などをとりにもどらないでください。津波は二度三度、くりかえしやってきます。

**人をまつのは危険！**
友だちや家族をまっている間に津波がきてしまうかも。それぞれが各自で、いっこくも早く安全な高台へ避難することが大事。

**防災無線を聞かないのは危険！**
屋外のスピーカーや家の受信機から流れる防災無線を意識して。津波がせまっているかどうかや、災害の状況を聞きのがさないで！

### ようすを見に行くのは危険！

津波のようすを見に行ってはいけません。とにかくすぐに海からはなれ、近づかないように。少しでも遠く、高いところへ！

### 防潮堤を信じすぎないで！

防潮堤があれば100％安全とはいえません。避難場所や避難所も同じです。「今いるところも危険かも？」という意識をもちましょう。

## 避難の合言葉は「津波てんでんこ」

地震がきたときは、津波にそなえていっこくも早く「各自がてんでんばらばらに」にげて、自分の命を守れ、という意味の合言葉。宮城県の三陸地方に伝わる避難の教えです。津波は地震のあとすぐにやってくるので、家族の帰りをまっていたら間に合わないかもしれません。津波がきたら、たとえひとりでいても、すぐににげること！

どうしても遠くへにげる時間がないときは、近くの津波避難タワーへ。

# ふだんから地震にそなえて危険をへらそう

## 家の中

### 重いものは下へ

重いものは下へ、軽いものや、落ちても問題のないやわらかいものは上の段へしまうと危険がへらせます。本だななら辞書や百科事典はいちばん下に。上の段には文庫や小物などを。

### 刃物はすぐしまう

包丁やナイフなどの刃物は、使ったらすぐ洗ってしまいましょう。重いなべも、とんでくるとあぶないので、すぐかたづけを。部屋でハサミやカッターを使った後も、すぐにしまって！

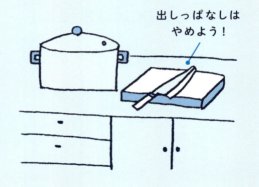

出しっぱなしはやめよう！

### 家をかたづける

家の中や自分の部屋は、かたづいていますか？　ちらかった部屋では、にげるときにケガをするかもしれません。とくに停電して暗いと危険！　ふだんから、かたづけておきましょう。

スッキリ！

## 窓ガラスの対策を

ベッドは窓からはなしましょう。窓ガラスがわれたときにとびちらないよう飛散防止フィルムをはる、カーテンをしめて眠るなどの対策を。窓の近くに、たおれやすい家具をおかないで！

## 配置をくふうする

背の高い家具やわれやすいものはベッドの近くにおかない、テレビやガラス類は高いところにおかないなど、家具の配置や向きをくふうして、危険をへらしておきましょう。

## 通路はスッキリと！

ドアの前、ろうか、玄関など、通り道にはものをおかずスッキリと！　なにかのとき、すぐにげられるようにしましょう。たおれても通路をふさがない場所に家具をおいたり、固定することも大切です。

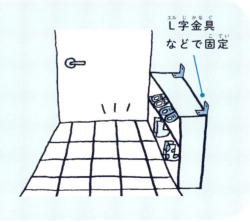

### 家具の固定

## たんすや本だながたおれないように

たんすなどの大きな家具、テレビや冷蔵庫のような重たい家電など、たおれたり動いたりするものは、転倒・落下・移動対策を！

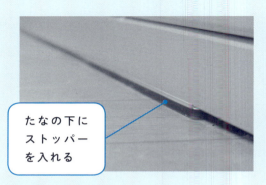

たなの下にストッパーを入れる

たなの上につっぱり棒をする

背が高くて重たい家具は、地震でゆれてたおれてくると、下じきになって危険です。上や下をしっかり固定する、中のものをへらす、重ねかたを変えるなど、くらしに合ったやりかたで、たおれにくくしておきましょう。

### くらしに合わせてやりかたを考えよう

危険をへらす方法はたくさんありますが、家ごとに状況がちがうので「このやりかたが正解」とはきめられません。それぞれの家でどうしたら安全でくらしやすいか、相談してください。

### 家具を固定する方法

・粘着マットでテレビを固定
・たなのとびらをストッパーで固定
・つり下げ式の照明のひもを短くする
　など

\\\ **あぶない場所がないか点検しよう！** ///

部屋のまん中に立ってゆっくり四方を見まわし、あぶないところがないか見つけてください。家の人とやってみて！

## 玄関

### 玄関を安全に

玄関の靴ばこの上に、水そうや花びんをおいていませんか。もし地震でたおれたら、われてあぶないだけではなく、靴がぬれてしまうかもしれません。靴は、避難のときにとても大切。すばやく安全に避難できるよう、靴ばこの上にはものをおかないようにしましょう。

## 外出先で

### 非常口をさがす

デパート、ホテル、映画館など、出かけた先で非常口や非常階段をさがすクセをつけましょう。ホテルなら部屋のドアの内側に非常口の場所が書いてあります。レストランなどでは非常口がどこにあるかわかりにくいお店もあるので、意識してさがしてみてください。

# 危険から身を守るには？
## 防災科学技術研究所の島崎敢先生に聞いてみました！

今泉：近づかないほうがよいノベ（本書P12に掲載）を紹介している島崎先生にお話をうかがいます。危険から身を守るために大切なことってなんでしょう？

島崎：私は、心と行動の関係を科学的に研究しています

まずは災害にあったときの心がまえの話からはじめましょうか

今泉：災害はとつぜんおきるので、あわててしまいますよね？

島崎：そう思うでしょう？

じつは、ぎゃくにあわてないことのほうが多いんです。危険な状態なのに「まだ、だいじょうぶ」と思いこみ、にげおくれる人は少なくありません。これは「正常性バイアス」という心理状態になっているから。「大けがをして死ぬかも？」と思うことは人間には大きなストレスです。そのため人間の心は、あぶなくてもそれを無視して平静を保とうとするんですよ

今泉：まわりの人の反応につられて「だれもにげていないから自分も安全だ」と安心しがちですが、それも危険ですね

島崎：まわりに流されず、冷静に自分で考えることが大事です

たとえば防災訓練のとき「地震ではつくえの下にもぐる」と教わりますが、それは「頭を守るため」で、もぐるのが目的ではない。そこを考えるのが大切です

今泉

もし、たてものが倒壊しそうなときは、つくえの下にもぐってはダメ。たてものの外ににげることが命を守る行動になる！

災害のときは「災害ではこうすべき」という、きめられた行動をとることが大事ではありません。命を守ることが最優先。いちばん大切なのは死なないことです。「にげる？」「たてものの中のほうが安全？」などまよったら、助かるためにどうすればいいのか自分で考え、その場に合った行動を選んでほしい

島崎

「地震のとき、なぜ窓からはなれたほうがいいの？」など、防災訓練でとる行動の理由を考え、目的を理解したいですね

今泉

そうですね

ふだんから「いま地震がおきたらどうする？」と考える訓練をしておくと、災害時、とっさに正しい判断ができるはずです

島崎

自分で考えるほかに友だちや家族と話し合うのもいいですよね

今泉

そう！ 大人でもダメな人はいるので友だちと話すのもいい（笑）

ルールやマニュアルにしばられがちな大人は、状況に合う行動がとれない場合も。大人まかせにせず、自分たち自身が防災力を身につけて、そのつど考えて行動できるといいですね

島崎

大人になると防災訓練の機会がへるので、こどもたちが「大人に教えてあげる！」ぐらいの気もちでみんなの防災リーダーになって、身を守る行動や考えを共有してほしいな！

今泉

今泉：通学路などのあぶない場所を知るのも、身を守るために大切なことですよね。でも、なにに気をつけたらいいのでしょうか？

島崎：たとえば「いま地震でゆれたらどうなる？」と考えてみるとわかります。「目の前の自動販売機や電柱はたおれてこない？」「落ちてきそうな看板や屋根がわらは？」などと想像すると、なにがあぶないか、きっとわかるはずです

今泉：家の人といっしょに通学路を歩いて点検するのもいいですよね

島崎：出かけたとき、知らない土地でも考えておくといいですね。「がけがくずれたら？」とか、海の近くだったら「この場所は海抜何メートル？」「津波がきてもだいじょうぶ？」とか。それに「電車が止まったら、歩いて家まで帰ると何時間かかるか」など考えておくと、とっさのときの判断のスピードが上がります

今泉：「防災知識を身につけなきゃ」と考えると、かたくるしく思うかもしれません。でも「今日の雨ははげしいから、降水量は40ミリぐらいかな？」と数値を当てっこしたり、自分の住んでいる土地の名前や歴史を調べて過去の災害を知ったり、興味をもてる部分から防災をはじめてもいいですよね

島崎：自分の住んでいる町を知るのって、楽しいですよ。その土地を知って好きになることも、防災力アップにつながりますね！

### 島崎敢先生プロフィール

防災科学技術研究所の客員研究員。名古屋大学未来社会創造機構 特任准教授。心と行動の関係をひもとく心理学が専門。災害や事故のリスクをへらす研究を行う。

2時間目

命を守る行動❷

# 地震！そのあとどうする？
## 発災直後にすべきこと

＼どこにいても!!／
**身を守る3つのルール**
❶ 見る 👁
❷ 聞く 👂  で、おかしなことやあぶないことに気づこう！
❸ かぐ 👃

# 地震の後どうしたらいいの？

地震の後は、おどろきや恐怖で、どうすればいいかわからなくなってしまうかもしれません。しかし大きな地震がおきると、おきた瞬間だけではなく、余震※や津波、火災の発生など、つぎつぎに危険がせまってきます。そのときにあわてないよう、どんな行動をとればいいか、ふだんから考えておきましょう。そうすることで、とっさのときにすばやく動くことができ、命を守ることにつながります。

## ケガに注意！　地震発生 0分

### 自分の身を守る

＜どうする？＞

- つくえなどの下にもぐるか、かばんや帽子、クッションなど、その場にあるものを使って頭や手足を守る。
- 落ちたりわれたりする危険なものから、なるべくはなれる。
- 身を低くして、ゆれにたえる。
- 戸や窓をあけて、にげられるように出口を確保する。
- あわてて走り出したり、とび出したりしない。

## 落ちついて行動！　地震直後 1～5分

### 靴をはき、足を守る。海辺ならすぐ高台へ！

＜どうする？＞

- もし火事がおきていたら、すぐに大人に知らせる。あぶないので、なるべくこどもだけで消火をしない。
- いっしょにいる家族や友人が無事かどうかたしかめる。
- 上ばきや靴をはき、足をケガしないように守る。スリッパよりかかとのある靴が安全。
- 津波やがけくずれの危険がある地域は、すぐに安全な場所へ！

※余震とは…大きな地震の後に引き続きおこる地震のこと。

## 近所で声をかけあって助け合う

避難するときなどは、近所で声をかけあい、助け合いながら避難しましょう。小さな子がいたら手をつないでいっしょににげ、自分がこまっていたらだれかに助けてもらうことも必要です。ただし、危険をおかしてまでだれかを助けようとしないで。ムリせず、あぶないと思ったら人をよぶなど、自分の身を守りながら行動しましょう。

### 地震後 5〜10分
**ようすを確認**

## まわりの状況を確認。避難の用意を！

〈どうする？〉

- まわりのようすを目・耳・鼻でたしかめる（見る・聞く・かぐ）。
- 非常持出袋を手にとれるところに出す。マスクや手袋などを身につけ、すぐにげられるように。
- 助けが必要な人がいるときや、火事がおきていたら、近くの人に大きな声でしらせる。
- テレビやラジオ、インターネットなどを使って、いまどんな状況におかれているのか、しらべる。

### 地震後 10分〜半日
**避難するか考える**

## いる場所が危険なら避難する

〈どうする？〉

- 正しい情報をあつめ、避難するかどうか考える。危険がせまっていたらすぐにげる。
- すぐに危険がせまっていない場合はその場でようすをみる。（自宅が安全なら自宅で避難）
- いつでも避難できるように準備をし、余震に気をつけてすごす。
- こわれたものや落ちたものは、まだかたづけない。（余震がくる場合がある）

※ここで紹介した流れ（時間や行動）は、きほんの考えかたです。これを目安に、その場の状況に合わせて判断してください。

# 地震直後にすること

ゆれがおさまったら、まずは自分のまわりに落ちているものや、われたものをたしかめます。家では、あぶないものに注意しながら上ばきや靴など足を守れるものをはきましょう。窓や戸をあけて出口を確保することも大切です。もしキッチンから出火していたら、こどもだけで消火するのはあぶないのでムリをしないでください。すぐその場をはなれて大人をよび、119番に電話をして消防署に通報しましょう。

## 家にいたら

### 上ばきや靴をはく
ガラスなどから足を守りましょう。
（なるべくかかとのあるものを！）

### 初期消火
火事がおきていたら大人をよんで！

### ケガ人はいない？
自分とまわりの無事をたしかめます。

### 危険ならすぐ避難
火災などであぶなかったら、避難を。

### 状況に合わせた行動を！

いつどこで災害にあうかは、わかりません。だから「かならずこれをする！」とおぼえるのではなく、そのときに「いまここで、どうしたら命が守れるか」を考えられるようになってください。

## 外にいたら

### あわてない
急にとび出したりせず冷静になる。

### 大人をさがす
近くにいる、たよれる大人を見つけて！

### ようすを確認
危険がせまっていないか見て！

### ひとりで動かない
なるべくだれかといっしょに行動を。

## ◆やってはダメな行動

### 火をつけてはダメ

ガスもれがあると火が移って爆発するかもしれないので火はつけない。

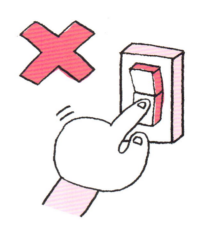

### 電気のスイッチをつけてはダメ

家に被害が出るような災害ではスイッチはつけない（火災の危険がある）。

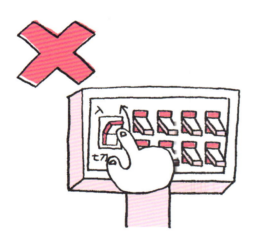

### ブレーカーを上げてはダメ

漏電※していると火災のおそれがあるので安全が確認できるまで使わない。

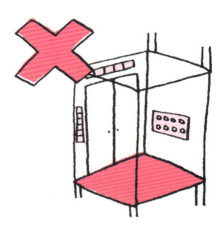

### エレベーターを使ってはダメ

とじこめられるかもしれないので、動いていたとしても使わない。

※漏電とは…配線が傷むなどして電気が漏れること。

## はだしで歩いてはダメ

われたものなどでケガをするので、かならず上ばきなどをはく。

## 安否確認以外の電話はひかえる

災害時は緊急の通報をさまたげないよう安否確認以外の電話はひかえて。

## 車にのってはダメ

渋滞でにげおくれたり、緊急車両のじゃまになるので使わない。

## ひとりで救助活動してはダメ

二次災害の危険があるので、自分ひとりで救助しないで人をよぶ。

# 余震のそなえと避難の準備

自宅が無事で、しばらく在宅避難することになったら、余震にそなえて高いところのものをゆかへおろすなど、危険をへらしておきましょう。また、地震後すぐは水道や電気が使える場合があるので、おふろに水をためたり携帯電話を充電したりしておくと後の避難生活で役立ちます。さいしょの地震から数日間はゆだんせず、いつでもにげられるように非常持出袋や避難に必要なものをそばにおいておきましょう。

### 引き出しやたなのとびらを固定

固定されていない引き出しや戸だながあったら、とっ手にS字フックをかける・ひもで結ぶなど、いまあるものを使って、中のものがとび出さない対策を！

### たなの上のものをゆかへ

たなの上の花びんやおきもの、本など、落ちる・とんでくる危険があるものはゆかへ。

# 家にいたらやっておくこと

## ものがない部屋へ

余震がつづいている間は、自分の近くにものがあると、落ちてきたりたおれてきたりするかもしれません。なるべくものがない部屋が安全です。とくに寝るときは、ものがない部屋で眠りましょう。

## おふろに水をためる

水道が使えれば、断水にそなえて、おふろの湯船、やかん、なべなどに水をためましょう。給水用の袋があればそこにも。大きなゆれでこぼれないように、できるだけフタをしておきましょう。

## 携帯をフル充電！

大きな地震の後にもし電気が通じていたら、すぐに携帯電話や充電式のラジオ、モバイルバッテリーなどをめいっぱいまで充電しておきましょう。大きなゆれから数時間後に停電することもあるので、そなえておくと安心です。

## 懐中電灯を手元に

そのとき停電していなくても、いつ停電するかわからないので、すぐ使えるように懐中電灯を手元においておきましょう。すぐにとり出せる場所に乾電池といっしょにそなえてあると、いざというときにあわてずに行動できます。

## 非常持出袋を近くに

余震や火災で急に状況が変わることがあります。非常持出袋をとり出し、自分の近くにおいて、なにかがあったときにすぐに避難ができるようにしましょう。数日間は余震に注意しましょう。

## すぐかたづけをしない

大きな地震の後はしばらく余震がつづきます。落ちたものなどをすぐにもとの場所にもどしても、また落ちてくるかもしれません。あぶないので、かたづけは余震が落ちついてからにしましょう。

# 停電したときの明かり

停電になったらまず懐中電灯をさがしてください。まっ暗でもすぐ出せる場所においておくことが大切！　懐中電灯は手でもつもの以外にランタンやヘッドランプもそろえましょう。明かりが足りなかったら、携帯ゲーム機の画面、ペンライト、光るおもちゃなどを活用しても。携帯電話のライトはバッテリーを消費するので、通信手段を残すために使わないほうがいいでしょう。予備の電池のそなえもわすれずに！

※写真のものはスイッチに蓄光テープ（P43）をはっています。

### ヘッドランプ・ヘッドライト

暗くなってから避難したり、なにかをさがしたりするときは、両手が自由になるヘッドランプを頭につけて行動しましょう。

### ランタンタイプの懐中電灯

部屋全体を広くてらしたいときには手もちタイプよりもランタンがおすすめ。電池のいらないソーラー式もあります。

### 手もちの懐中電灯

手元とすこし遠くの両方をてらせるズーム機能があると便利。軽くて小ぶりだと長い時間もってもつかれません。

# 蓄光テープで停電にそなえよう

蓄光テープ（蓄光シール）は、光をためこんで、まっ暗なところで光るテープのこと。蛍光灯の光を数十分あびるだけで、その後、暗いところで数時間光りつづけます（光はだんだん弱くなります）。

蓄光テープ

まっ暗な中でも懐中電灯をさがせるよう、蓄光テープをはっておきましょう。スイッチ部分にはるとすぐ点灯できて便利です。

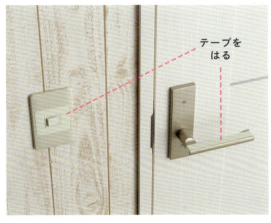

にげ道がすぐにわかるよう、通り道のドアのノブにシールをはりましょう。電気のスイッチなど、すぐ見つけたいものにはっておくのもおすすめ。

暗くすると…

はったところが光るよ

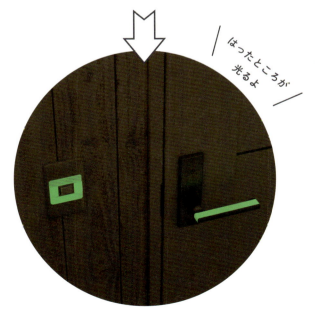

※蓄光テープは太陽や蛍光灯の光があたらないと、その光をためられません。テープをはった懐中電灯は引き出しの奥などにしまいこまないようにしてください。

# 地震後の火災をふせぐ

たおれやすいろうそくや、カセットコンロのまちがった使いかた、こわれた電化製品の使用など、大きな地震の後にはさまざまな原因から火災がおきます。家などがくずれたり道がふさがったりしている状況で火災になると、ふだんの火災よりも火を消すのが難しく、火が広がって被害が大きくなるおそれがあります。地震がおきた後は、つぎのことに注意して火災をふせぎましょう。

## 通電火災に注意

停電後に電気が再開（通電）したとき、たおれたストーブやきずついた配線が原因で火災になることが。停電後はブレーカーを落とし、電気が再開したらブレーカーを上げる前に電化製品やコードに異常がないかたしかめて。

## ロウソクは使わない

余震でたおれるとあぶないので、明かりとしてロウソクを使うことはなるべくさけましょう。また、地震後はものがちらかっていて火災になりやすい状況です。はだかの状態の火を使うのはとても危険といえます。

## カセットコンロは安全に

ガスの缶がうまくセットできていなくてガスもれしたり、余震でニンロがテーブルから落ちたり、服やかみの毛に火がついたりする危険があります。カセットコンロは使いかたをたしかめ、安全に気をつけて使いましょう。

## 電化製品は適切に使う

電化製品はもとの目的とちがう使いかたをすると火災をおこす場合があることを知っておきましょう。また、熱を発するものを使うときは、なにかあったらすぐ対応できるよう、そばをはなれないでください。

# 火災のときの避難

火災を見つけたら、すぐに大人をよびましょう。火がせまっていたら、すぐにげて！　避難するときは、ぜったいに煙をすいこまないように。できるだけ息を止めて、かべづたいに外へ出ましょう。息がつづかないようなら、ゆかすれすれを下の絵のように低い姿勢ですすみましょう。

**出口が近いとき**
煙をすいこまないように息を止めたまま、出口へ。

**出口が遠いとき**
低い姿勢になりハンカチで口と鼻をおおい、出口へ。

## 煙が充満してきたときのにげかた

- できるだけ低い姿勢
- 荷物はもたない
- 走らない　※走ると煙をかき乱し、前が見えなくなることも
- あごをゆかにつけるように
- ハンカチで口と鼻をおおう　※なければ洋服でおおう

# ◆ あわてる危険・あわてない危険

大きな地震の後は、落ちついて行動することが大切。状況をたしかめずにとび出したりすると、がれきやガラスでケガをしてあぶないからです。落ちついた行動とは、状況をよくたしかめて「すぐにげたほうがいいのか、その場にとどまったほうがいいのか」や「いまなにをすればいいのか」を判断することです。とはいえ、びっくりするような地震の後に冷静になるのはむずかしいですね。そんなとき、心の中で歌ってみると、少し気もちが落ちつくかも。ためしてみては？

こわくてドキドキするなら心の中で歌ってみると落ちつくかも！

「あわてること」より「あわてないこと」のほうが危険な場合も。「自分はだいじょうぶ」と安心していると、津波や土砂くずれに気づかないかもしれません。また、地震の後などは不安から人と同じ行動をとってしまいがちですが「みんなといっしょだからだいじょうぶ」と考えるのも危険。自分が「おかしいな。あぶないかな？」と感じたら「人とちがう行動をするのははずかしい」と思わず、率先してにげましょう。

**天気予報は大切！**

台風や大雨、大雪などは「いつ」「どこで」をあるていど予測できる災害です。テレビやラジオの天気予報を毎日見る習慣をつけましょう。気象庁の警報、自治体の避難情報に注意し、そなえをしてください。

## 3時間目

### 命を守る行動 ❸

# 災害！そのときどうする？

## 台風・大雨・土砂災害ほか

\ どこにいても！ /
**身を守る3つのルール**

❶ 見る 👁
❷ 聞く 👂
❸ かぐ 👃

で、おかしなことやあぶないことに気づこう！

# 台風が近づいているとき

暴風雨がはげしいときに外にいたら近くのたてものに避難して。

高波や高潮で海や川の水位が上がり、雨が多ければ洪水の危険も！

## ◆ この行動で身を守る！

### ムリに外出しない

台風のときはムリな外出はひかえて。暴風雨がひどいとき外にいたら、たてものの中で台風が通りすぎるまでまちましょう。

### とんでくるものに注意

看板やおれた木の枝、はがれた屋根、なにかがぶつかってわれたガラスのはへんなど、とんでくるものを注意してさけましょう。

### 海や川に近づかない

海や川は増水すると流れが速くなります。ぜったいに海や川、田んぼの用水路など、水の近くに行かないでください。

### 暴風のときカサはダメ！

風が強いとカサがこわれ、おれたりふきとんだりするのでとても危険。なるべく体に合ったサイズのレインウェアを身につけて。

風速15mでもあぶない！

## 風が強いと、どうなるの？

- 平均風速10〜15m　　風にむかって歩きにくくカサがさせない。木や電線がゆれる。
- 平均風速15〜20m　　風にむかって歩けず転ぶ人も。看板やトタン板が外れる。
- 平均風速20m〜　　　つかまらないと立っていられない。細い木がおれ、看板がとぶ。
- 平均風速30m〜　　　外に出るのは危険。走っているトラックが横だおしになる。
- 平均風速35m〜　　　樹木、電柱、街灯、ブロックべいがたおれることも。

※平均風速とは10分間の風速の平均

出典：気象庁HP「風の強さと吹き方」より

# 台風にそなえよう

## 暴風と大雨の対策

### 窓ガラスの対策

雨戸をしめ、カーテンもしましょう。飛散防止フィルムをはるのも効果的。

### 屋根などをなおす

屋根や外壁、雨どいなどがこわれたりぐらついていると危険。前もって直しておきましょう。

### 側溝などのそうじ

側溝（排水のためのみぞ）などの雨水の流れをよくしておかないと水があふれて浸水する危険が。

### 植木鉢などをしまう

とばされないよう家の中にしまいます。自転車も家の中に入れるか、たおしておきましょう。

風水害から身を守るためには事前の情報収集がとても大切です。台風や大雨は天気予報やニュースで近づいていることを知らせてくれます。災害の危険があるときは家のまわりの水の流れをよくしておき、とんだらあぶない植木鉢や自転車は家にしまい、中に入らないものや、ものほし台などの大きなものはあらかじめ横にたおしておきます。また、浸水※の危険がある地域は、土のう・水のう※※などをふだんから用意しておき、玄関のドアの前などにならべて水が家の中に入るのをふせぎましょう。

※浸水…家の中に水が入ってくること。　※※土のう・水のう…土を入れた袋を「土のう」、水を入れた袋を「水のう」とよび、浸水をふせぐのに使われます。

## 停電と断水の対策

### 懐中電灯を準備

懐中電灯をすぐ手にとれる場所に出しておき、問題なく使えるかたしかめましょう。

### バッテリーを確保

乾電池を買う、バッテリーを充電するなど、停電したときに電源となるものを用意しましょう。

### 水をためる

おふろ、バケツ、ポリタンク、なべ、ペットボトルなどに水をためておきましょう。

### 食料を用意

停電や断水になるとふだんのように調理ができません。災害食※を用意しましょう。

地震だけでなく、台風などの風水害や土砂災害、大雪などでも、数日〜数週間の停電や断水になることがあります。日ごろから、停電や断水にそなえて水（飲料水と生活用水のどちらも）と食料を多めにそなえておきましょう。停電になったときには明かりや電源の確保もとても大切です。電源がなければラジオやインターネットなどが使えず情報収集ができません。明かりや電源（バッテリーや乾電池）はかならずそなえ、懐中電灯やラジオが使えるか定期的に点検してください。

※災害食…災害にそなえて用意しておく水や食べもの。

# 大雨・集中豪雨のとき

集中豪雨はとつぜんおこります。危険を感じたらたてものの中へ。

浸水するとあっという間に水位が上がります。早めの避難が大事。

## ◆この行動で身を守る！

### 地下にいたらすぐ地上へ

地下に水が流れこんでくると、水はたまるいっぽう。すぐににげ場がなくなるので、とにかくすぐ地上に出ることが大切です。

### 低い土地は通らない

アンダーパス（鉄道や道路の下を通るほりさげ式の地下道）は、地面よりも低いので大雨になると水がたまりやすく、危険です。

### 川や水路に近づかない

大雨がふると川や用水路から水があふれ、流される危険があります。ぜったいに近づいたり、ようすを見に行かないようにしましょう。

### 冠水した道は通らない

冠水（道路が水をかぶること）すると足元が見えず、側溝やマンホールのふたが外れていてもわからないので、通らないこと！

大人でも深さ30cmが限界！

### 水がたまるとドアがあかない！

- **一般的なドアにかかる水圧**
  - 浸水深10cm　4kg
  - 浸水深30cm　36kg
  - 浸水深50cm　100kg

- **走っている車はどうなる？**
  - 浸水深10cm　ブレーキがききづらい
  - 浸水深30cm　エンジンが止まる
  - 浸水深50cm　車がうく

出典：NHKそなえる防災HP、国土交通省HP「浸水深と避難行動について」

# 土砂災害の危険があるとき

前ぶれが確認できなくても避難情報が出ていたらすぐにげて。

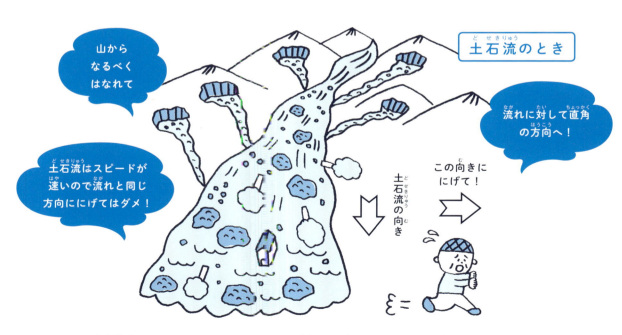

土石流からにげるときは、その流れに対して直角の方向ににげて！

## ◆この行動で身を守る！

### 地域の危険を知っておく

日ごろからハザードマップ（P92）を見たり、むかしおきた災害をしらべたりして、住んでいる土地の危険を知っておきましょう。

### 大雨と地震に注意

とくに大雨や地震の後は地盤がゆるみ土砂災害がおきやすくなります。まわりのようすや避難情報を確認しましょう。

### 早めに避難する

土石流は時速20～40kmで流れてくるので走ってにげても追いつかれてしまいます。早めに避難することがなによりも大切です。

### 家の2階へ

山ぎわの家は、1階よりも2階のほうが安全です。外に避難できないときは、斜面と反対側の2階の部屋へ避難してください。

---

## 土砂災害の前ぶれ（前兆現象）

**目と耳と鼻を使って前ぶれに気づこう**

- **がけくずれ**
  - がけがひびわれる
  - 小石がぱらぱら落ちる
  - がけから水がわく
  - わき水が止まる
  - 地鳴り

- **地すべり**
  - 地面のひびわれ
  - 地面のかんぼつ
  - 沢の水がにごる
  - 地鳴り・山鳴り
  - 木がかたむく

- **土石流**
  - 急に川の水がにごる
  - 川の水に流木がまざる
  - ふだんとちがう土のにおいがする
  - 急に川の水位が下がる

出典：「東京防災」

# 雷が近づいてきたら

雷は高いところに落ちるので、木や電柱から遠くへはなれて！

雷が近づいたら、たてものから出ずに、雷が遠ざかるまでまって。

# ◆ この行動で身を守る！

## 雷が近いとき外に出ない

いちばん安全なのは雷が近づいているときに外に出ないことです。空が暗くなる、冷たい風がふくなど、天気が急に変わったら屋内へ。

## 木や電柱からはなれる

木の下での雨やどりはもっともあぶない行動です。雷は高いところに落ちるので、木や電柱からすぐはなれましょう。

## ひらけた場所から避難

グラウンドやプール、ゴルフ場、砂浜など、高いものが近くにないひらけたところにいると、雷が人に落ちる危険が高まります。

## 屋内かのりものへ

デパートや企業のビルが入った鉄筋コンクリートのがんじょうなたてもの、自動車、バス、電車の中などへ避難しましょう。

### 家にいるときの雷対策

家の中にいればきほん的には安全ですが、まったく危険がないわけではありません。電話線や水道管などをつたって電流が流れこむ可能性もあります。なるべく水は使わず、かべや窓ぎわからはなれ、家の中央でおさまるのをまつようにしてください。また、パソコンやテレビがこわれる危険があるのでコンセントをぬいたほうが安心です。

ぬいておこう！

# 大雪がふったら

転ばないように注意。すべってくる車や自転車に気をつけて。

大雪の予報が出たら、早めに帰宅するか外出をひかえて。

## ◆この行動で身を守る！

### ムリに外出しない

大雪の予報が出ているときは、交通機関が止まり帰れなくなる可能性があるので、なるべく出かけず家にいましょう。

### 雪おろしは数人で

雪かきや雪おろしは、転んだり転落したり、うもれたりするかもしれないので、数人で行いましょう。作業にはじゅうぶん注意を。

### 停電にそなえる

電気が止まると使えなくなる暖房器具が多いので、もしもにそなえ、電気がなくてもあたたまれる用意をしておきましょう。

### 車を使わない

車が雪にうもれて動けなくなるケースが近年よくおこっています。大雪のときは車をなるべく使わないようにしましょう。

---

### 大雪で町が孤立することも

2014年や2018年の豪雪など、大雪で町全体が孤立するケースが相次いでおこっています。大雪にもそなえを！

- **大雪がふると**
電車やバスが止まり、道路が通れなくなり、物流も止まるかもしれません。

- **物流が止まると**
お店のたなから商品が消えて、水・食料・日用品が買えなくなることも。

# 火山が噴火したら

山にいるときに噴火にあったら、たてものの中や岩かげににげこんで。

## ◆この行動で身を守る！

### 火山を知る

どこに火山があって、どんな状態なのかを知り、防災マップで危険な場所の確認を！

### 避難場所を知る

山に行くときは、にげこめる山小屋やシェルターの位置を確認しておきましょう。

### 噴火にそなえる

噴火するとはなれた土地にも火山灰が降ります。ゴーグルやマスク、災害食のそなえを！

# 自然災害はほかにも！

### 高潮

台風や低気圧が通るとき、海ぞいでおこりやすい災害です。台風で海水がすい上げられるなどして海面が高くなり、海水が堤防をこえて道路やたてものまでおしよせてくる場合があります。満潮のときは、とくに危険です。海には近づかないでください。

### 竜巻

発達した積乱雲にともなう強い上昇気流によっておこる、はげしいうずまき現象です。日本各地で季節を問わずおこりますが、とくに9月・10月に多く発生しています。竜巻注意情報が出たら、がんじょうなたてものの中や地下に入り、窓からはなれましょう。

## 自分の住んでいる地域について知り、災害にそなえよう！

- 火山がある …… 灰をすわないためのゴーグルやマスク
- 大雪になる …… 雪下ろしの道具や、すべりにくい靴
- 竜巻が多い …… ガラスに飛散防止フィルムをはる
- 川が近い ……… 浸水防止の土のう・水のう　　　　など

どの災害がおきた場合でも、道が通れなくなったり、電気や水道が止まったりするおそれがあります。災害食や日用品、懐中電灯などの避難用品は、どこに住んでいても必要です。かならず用意しておきましょう。

# テロ・武力攻撃にあったとき

化学剤・生物剤がまかれるテロも。あやしいものをさわらないで！

家ではできるだけ窓からはなれる。ガス・水道・換気扇を止めて！

# ◆ この行動で身を守る！

## がんじょうな たてものの中へ

もし外にいたら、近くにある鉄筋コンクリートのビルなど、できるだけがんじょうなたてものの中ににげこみましょう。

## 窓からはなれる

危険なものが窓から入ってきたり、窓ガラスがわれたりする可能性が。窓とカーテンをしめ、窓のそばからははなれましょう。

## 身を低くし つくえの下へ

爆発が近くでおこったら、地震のときと同じように、がんじょうなつくえの下などに入って頭と体を守ってください。

## 行政の指示に したがう

テロや武力攻撃は、どんなふうに行われるかはわかりません。情報を聞きのがさないようにし、行政からの指示にしたがいましょう。

### 緊急時のJアラート

Jアラートは「全国瞬時警報システム」といい、危険がせまっていることを短時間で伝えるしくみです。防災無線、テレビ、FM、携帯電話のエリアメールなどいくつかの手段で伝えられます。メッセージを聞いたら、すぐに身の安全をはかり情報をあつめてください。くわしくは「内閣官房国民保護ポータルサイト」で確認して！

# 感染症の流行にも注意！

インフルエンザなど、さまざまな感染症に注意が必要です。うつらないために、うがいと手洗いをじゅうぶんに行いましょう。手を洗うときはせっけんを使い、指先やツメと指の間、指と指の間もしっかり洗います。せきやくしゃみなどの症状があるときには、ほかの人にうつさないようにマスクを。感染症が流行している時期は人がたくさんあつまる場所に行くのはひかえ、感染が広がらないように気をつけましょう。感染が拡大すると交通や流通が止まるかもしれません。もしもにそなえ、水や食料、日用品をふだんから準備しておきましょう。

※感染症とは…細菌やウィルスが感染しておこる病気のこと。感染力が強く、人から人へとうつっていくものを伝染病とよぶことも。

4時間目

身(み)を守(まも)るための避難(ひなん)

# いつ・どうやって避難(ひなん)する？
## タイミング・服装(ふくそう)・注意点(ちゅういてん)

# 情報をあつめる

避難するかどうかは早めの判断が大切です。自分がどんな状況におかれているのか、なるべく短い時間で正確な情報をあつめましょう。まずは自分の目で外のようすをたしかめ、防災無線が流れていないか注意して聞いてみます。そのほかに役立つのはテレビやラジオ、スマートフォンなど。ひとつの情報源だけだと必要な情報がえられないかもしれないので、手段をいくつか用意しておきましょう。

## 災害時に役立つラジオ

乾電池式ならどこでも使える！

### 携帯ラジオって？

コンセントにつなぐのではなく乾電池などで動く、もちはこべる小ぶりなラジオ。停電時に使えるので便利です。受信性能がいいものをもっていると安心です。スピーカーがあるタイプなら、みんなで利用できます。予備の電池もいっしょにそなえておきましょう。

### 選ぶポイント

- AMとFMどちらも聞ける
- ライトつき
- 手回し充電ができる
- 乾電池が使える
- 携帯にも充電できる
- イヤホンでも聞ける

> ### 気をつけて！
> ### 避難時のスマートフォン
>
> スマホに集中してしまうとまわりのようすが見えなくなります。必死に情報をあつめている間に、気がついたら危険がせまっていることも。まずは自分の目で見て、倒壊の危険はないか、津波はせまっていないか、火災はおきていないか、じゅうぶんたしかめることが大切です。情報収集や安否確認は身の安全をはかってから！

## 災害時の携帯電話とバッテリー

いろいろあると安心！
充電式
ソーラー式
乾電池式

## 携帯電話は節電しながら

スマートフォンは情報収集に役立ちますが、気になるのが充電です。バッテリーはいくつか用意しておき、さらに消費電力をおさえるくふうをしましょう。また、災害時は「00000 JAPAN」という災害用ネットワーク（Wi-Fi）がだれでも使えるようになるので、利用しましょう。

### 節電のコツ

・低電力モードにする
・画面の明るさを最小に
・通知をオフに
・圏外のときは機内モードにしておく

※00000JAPANの使いかた…スマートフォンのwi-fiをONにし、表示された00000JAPANを選ぶだけで、どの携帯電話からでも接続できます。

# 正しい情報を見きわめる

2016年の熊本地震では「動物園からライオンが脱走した」というデマが流れました。2018年の北海道胆振東部地震では「5時間後に大きな地震がおこる」というウワサも。災害の後は、ふたしかな、不安をあおる情報が広まるケースがたびたびおこります。「本当かな？」と思う情報は、信頼できる情報源かどうかよく確認し、たしかではない場合はむやみに広めないという意識をもってください。

## デマにまどわされない・広めない！

### どこからの情報かな？

情報をうけとったら、はじめにどこから発信されたものかたしかめる習慣をつけましょう。発信元が国や自治体など信頼できるところ以外なら、むやみに信じたり、広めたりしないようにしましょう。

### こんな情報は広めない！

「拡散希望」「広めて」「××から聞いた～」のような書きかたの情報は、信頼できないものもあるので注意。とくに発信元がわからず「×時に地震がおきます」など災害を予言するものはデマだと思ってください。

### SNSはしんちょうに！

ツイッターやラインなどのSNSは情報が広がるスピードがとても速く、なかには信頼できない内容のものもあります。SNSで情報をあつめるときはよく考え、しんちょうに利用し、ふりまわされないように。

# 災害時の情報源

## テレビ

停電していなければテレビが役立ちますが、災害直後は情報がかたより、同じ情報がくりかえされるだけで求めている情報がえられないことも。ラジオなどもあわせて利用し、必要な情報をのがさないようにしてください。

## ラジオ

住んでいる地域のくわしい情報をえるには、ラジオがむいています。東日本大震災では、地域に密着したコミュニティFMなどで、災害や余震の状況、生活のこと、避難所、安否情報など、きめ細かな放送がありました。

## インターネット

気象庁や国土交通省、総務省消防庁、自治体のホームページで、災害のようす、避難所開設の案内、安否情報などが見られます。避難勧告などの情報はニュースサイトにも掲載されるので、災害時は注意して見てみて。

## SNS

使っている人の生の声・いまおきていることをいち早くつかめるのがツイッターやラインなどのSNSです。交通機関の運休情報や、どこの避難所でなにをもらえるかなど、いま現在の具体的な情報がわかります。

ただし情報の見きわめが必要！

---

### 情報収集に役立つサイト・SNS

- 首相官邸
- 内閣府防災
- 総務省消防庁
- 警視庁警備部災害対策課
- ウェザーニュース
- 河川水位情報
- J-anpi

### 情報収集に役立つアプリ

- Yahoo！防災速報
- goo防災アプリ
- 防災情報 全国避難所ガイド
- NHKニュース・防災
- Go雨！探知機
- radiko.jp

ほか地域の防災アプリ

---

※J-anpiは災害時にいくつかの安否情報をまとめて検索できるサイト。

# どこに避難すればいいの？

火災や津波で早くにげたほうがいい場合や避難指示があった場合、すぐに一時集合場所（小中学校の校庭や地域の公園）か、そこがあぶなければ避難場所（大きな公園など）へ避難しましょう。すでにまわりが浸水しているなど、外に出ると命の危険があるときはムリに避難しないでください。近くの安全なたてものや、そのときにいるたてものの中で少しでも命が助かる可能性の高いところへ移動しましょう。

## 避難の流れ

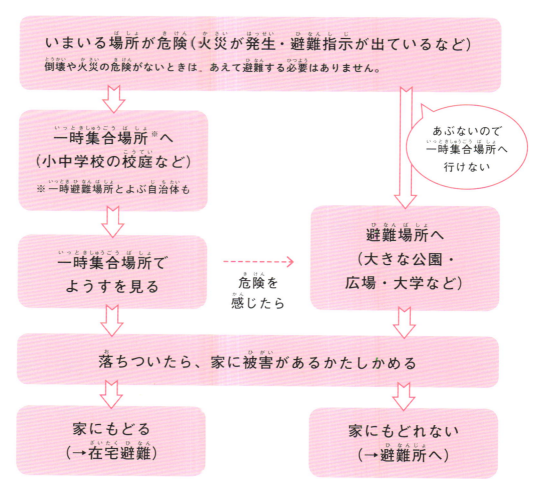

上記の流れは二段階避難の一例です。避難方法は市区町村ごとにちがうので、くわしくは自治体のホームページなどで確認してください。

## 避難場所と避難所

どこにあるか、自分の家のまわりをしらべておきましょう。

### 避難場所

一時集合場所と避難場所があります。まずは一時集合場所に指定された近くの公園や小学校の校庭へ。そこがあぶないときは避難場所に指定された大きな公園・広場・大学などへ行ってください。

### 避難所

災害で家に危険や被害があり、もどれない人が、しばらくの間とどまって避難生活をするための場所です。おもに近くの小中学校が指定されているため、一時集合場所と同じ場合もあります。

### 災害の状況によって安全な場所を判断

火災や浸水被害があるときは、指定された避難場所へ行くとあぶない場合も。避難の前には情報をあつめて災害の状況をしらべ、自分がむかおうとしている場所と、そこまでの道のりが安全かどうかたしかめてください。そして状況に合わせて安全な避難先にむかってください。ふだんから、いくつかの避難先・避難ルートを考えておきましょう。

状況に合わせた行動を！

なるほど！

# 避難勧告と避難指示って？

避難が必要になると自治体から避難情報が出されます。危険度の低い順から「避難準備・高齢者等避難開始」「避難勧告」「避難指示」があります。病人や高齢者など避難に時間がかかる人は「避難準備・高齢者等避難開始」が出されたら避難を。暗くなってからはあぶないので、明るいうちに避難をすませてください。避難情報が出ていなくても、危険を感じたら自分の判断で早めに避難することが大切です。

## 自治体の避難情報の危険度

| 種類 | 危険度 | 内容 |
|---|---|---|
| 避難準備・高齢者等避難開始 | 低 | ・高齢者など避難に時間がかかる人がいる、または危険な地域に住んでいる場合は、避難をはじめる。<br>・避難勧告や避難指示に変わる可能性があるので、すぐにげられる用意をする。 |
| 避難勧告 | 中 | ・災害による危険が高まっているのですぐに安全な場所へ避難する。 |
| 避難指示 | 高　すぐにげて！ | ・避難勧告よりさらに危険が高まった状態。避難がすんでいなければ、急いで避難する。<br>・外があぶない状況になっていたら、家の中の、より安全な場所に移動する。 |

# こんなとき、どうする？

## 「避難したくない」と言われたら？

家族に「避難したくない」「避難しなくてもだいじょうぶ」などと言われることがないよう、ふだんから避難についてよく話し合ってください。どうして避難したくないのかを聞き、問題を解決する方法を家族みんなで考えましょう。

## 家族にけが人や病人がいたら？

「病気だから避難所に行けない」とためらっていると命を守れません。また、助けにきた人をまきこみ、その人も命を失う危険が。けが人や病人がいたら、地域の人の力をかりて、早めに避難できるよう、ふだんから相談しておいてください。

## ペットがいて避難しづらい？

地震や水害などで避難指示が出ているときに多いのが「ペットがいるけど、どうしよう」という声です。いざというときにこまらないようP80の対策をとり、ペットをだれかにあずけたり、いっしょに避難したりできるよう練習しておきましょう。

## 真夜中で状況がわからない？

災害のとき、まっ暗な中を避難するのはとても危険です。避難情報などが出ているときは暗くなる前に避難をすませておきましょう。とつぜんの地震などで夜中に避難するさいは、ヘッドランプを使って、じゅうぶん気をつけて避難してください。

# 避難するときにやること

二次災害（とくに火災）がおきるのをふせぐために、ガスの元栓をしめ、電気のブレーカーをおとしてから家を出ます。そのとき、家のカギはしっかりかけてください。非常時は空き巣の被害もふえてしまうので、防犯対策も大切です。ただし津波などで目の前に危険がせまっているときは、とにかく急いで避難することが大事です。いつでも命を守ることをいちばんに考えて行動してください。

## 電気のブレーカーを落とす

電気が復旧したとき火災にならないよう、ブレーカーは落としておきましょう。また、復旧時に電化製品の近くにもえやすいものがあると火災の原因に。コードをぬき、もえやすいものをかたづけておきましょう。

## ガスや水道の元栓をしめる

ガス管がいたんでいると、ガスが復旧したときに、もれたガスで爆発がおこるかもしれません。また、水道管がいたんでいると、水もれする場合もあります。どちらも元栓はしめておいたほうが安心です。

## 家のカギをしっかりかける

災害で混乱し、みんなが避難して住宅街から人がいなくなると、空き巣や盗難の被害が多くなります。家が倒壊しておらずカギがかけられる状態なら、しっかり戸じまりをしてから家を出ましょう。

## 家族への伝言をのこす

もし家族とはなれている場合は、自分がどこに避難したか、後で帰ってきた家族にわかるように、玄関のドアの内側などにメモをのこしましょう。防犯のため、知らない人に見られないところにメモをはりましょう。

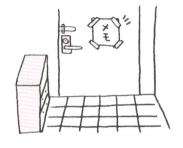

# 家族などへの連絡

災害時はたくさんの人がいっぺんに電話をかけてつながりにくくなります。通話ができないときは、災害用伝言ダイヤル、メール、SNSがつながりやすいとされています。電話でも、被災地同士より被災地からはなれた場所へかけるほうがつながりやすいので、遠くの親せきなどに伝言するのもひとつの方法です。災害時にどのやりかたが使えるかわからないので、家族みんなで連絡方法をいくつか相談しておきましょう。

> ふだんから話し合ってきめておいて！

## 連絡手段はいくつか考えておく

電話が通じない場合はこれ、などいくつかの手段を考えておき、状況にあわせてためしてください。通話ができなくてもメールやSNSが使える場合があります。

## 災害時につながりやすい電話って？

### 公衆電話

もっともつながりやすいのが公衆電話です。設置されている場所をたしかめておきましょう。

### 固定電話

電話線が切れていなければ、固定電話は携帯電話よりも災害に強く、つながりやすい電話です。

### 携帯電話

みんなが電話をかけるとつながりにくくなります。公衆電話の使いかたを練習しておきましょう。

※公衆電話は数時間ならぶことも。

# 体験しておこう！
# 災害用伝言ダイヤル「171」

大きな災害のときに使える災害用伝言ダイヤル「171」、インターネットの災害用伝言板「Web171」について知っておいてください。171は被災地の外にあるセンターにつながるので、被災地の電話がこみあっていてもつながりやすい番号です。毎月1・15日や防災週間などに利用できるので、使いかたを体験して！

かける人（録音する人）と聞く人は別。おたがいに使いかたをよく知っておく必要があるので、ふたり1組で練習しましょう。

### きほんの使いかた

1. ①⑦①をおす
   ⇩
2. 録音は①
   再生は②
   ⇩
3. きめておいた電話番号を市外局番からおす
   ⇩
4. ①をおして録音（話す）または再生（聞く）
   ⇩
5. 録音のときは終わったら切る。
   再生のときは⑨をおして終了
   （もういちど再生するなら⑧）

## 使うときの注意（災害時）

・音声ガイダンスにしたがって、そうさします。
・録音できるのは1件30秒以内。
・登録した電話番号1つにつき、メッセージは1～20件のこせます。
  災害によって、のこせる件数は変わります。
・ＮＴＴに加入している固定電話や公衆電話なら通話料はかかりません。
・❸でかける番号は、被災地の番号が優先され、
  それ以外の地域は録音できないこともあります。

# 避難の服装

## 地震のとき

### ヘッドランプをつける（もつ）
夜はかならず身につけて。昼間の避難でも、暗くなった後に必要になるので、もって行くこと！

### ヘルメット
地震の後しばらくは、ものが落ちてくるおそれがあります。火災でとんでくる火の粉から頭を守るためにも必要です。

### かならずマスクを！
大きな地震の後は粉じんがとび、すいこむと健康に害が。かならずマスクをしましょう。防寒にも役立ちます。

### 手袋や軍手
ガラスのはへんなどで手をケガしないため、また、寒さから手先を守るためにも手袋を。

### レインウェアを着る
粉じんをさけるため、雨がふっていなくても、なるべくレインウェアをはおって。防寒着にもなり、ビニールシートがわりにも。

### 厚底の靴をはく
がれきでケガしないようなるべく底の厚い運動靴か、あれば安全靴を。ふみぬき防止インソールを入れて。新しい靴はなんどかはいて、ならしましょう。サンダルはあぶないのでダメ！

ふみぬき防止インソール

## 水害のとき

### カサはささず、レインウェアを
ぶかぶかのレインコートだと動きにくく、すばやく行動できません。雨がふっていたら、体に合ったサイズのレインウェアを。

### ロープで体をむすぶ
いっしょに避難する人と、ロープなどを使っておたがいの体をむすび、水に流されないよう対策を。

### カサや棒、つえで足元を確認
足元に水があると下が見えず、側溝などに落ちて流される危険が。カサや棒を使って足元をたしかめながら歩いて。

### 貴重品は防水袋に
サイフや携帯電話などの貴重品は水が入らない食品用の保存袋に入れると安心。

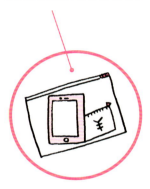

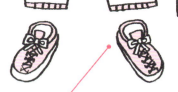

### 長ぐつは危険！スニーカーで避難
長ぐつは、はき口から水が入り、ぬげてしまう危険が。スニーカーをはいてひもをしっかりむすび、ぬげないようにしましょう。はだしはぜったいダメ！

# ペットと避難

「ペットがいるから」と避難をためらうと、自分もペットも命が危険になります。地震におどろいてペットがにげ出したときにそなえて身元表示をしたり、避難先でめいわくをかけないようペットの健康管理やしつけをするなど、日ごろから準備しておきましょう。フードやトイレ用品の備蓄もわすれずに。いっしょに避難できる避難先や、もしものときにあずかってくれる人をさがしておきましょう。

もしものときに助け合える仲間を作っておくと安心

### ペットも避難訓練！
## もしものとき
## ペットとにげる練習を

すぐにキャリーに入れられるか、自分の非常持出袋をもった上で、さらにキャリーももてるかなど、ためしてみてください。ペットをつれて旅行に行ってみるともしものときの練習にもなります。

## 身元がわかるようにしておく

首輪をする、マイクロチップをうめこむなど、身元がわかるように。

## キャリーやネットになれさせる

避難に使う移動用キャリーやネット、ハーネスなどになれさせて。

洗たくネットでも！

## フードやトイレを買い置き

人間の災害食と同じようにペットの食事やトイレ用品もそなえが必要。

できれば5日分以上

## いっしょに避難できるか確認

ペットを連れていける避難所が近くにあるかたしかめておくことが大切。

# にげおくれないためには？

避難情報が出たとき、すでに危険がすぐそこにせまっている場合があります。にげおくれないためには「自分の命を自分で守る」という意識をもち、人まかせにせず自分で判断し、行動してください。また「地域みんなでにげる」という考えをもつと、早めに避難しようという考えが生まれます。まわりにいる高齢者などを助けながら避難するには時間がかかるからです。それが自分の命を守ることにもつながります。

## 大事なこと① 自分の命を自分で守ろう

### 避難を人まかせにしない・安心しない！

- 「まだ避難の情報が出ていないから、だいじょうぶ」と安心してはダメ！
- 「いままでも同じようなことがあったけど、だいじょうぶだったから」と安心してはダメ！
- 「ハザードマップでは、ここは被害にあわない場所だから」と安心してはダメ！

被害は、考えているよりも大きくなるかもしれません。〇〇だからだいじょうぶ、という考えや、あぶなくなったら警報や放送があるだろう、と判断を人まかせにするのはやめましょう。

> **地域のつながりを大事に！**
> 地域みんなでにげるためには、ふだんから地域の人とコミュニケーションをとっておくことが大切です。近所の人とあいさつをかわし、地域のお祭りに参加するなどして、つながりを深めておきましょう。

大事なこと②

# 地域みんなでにげる！

## 「みんなで」の意識があると、行動が早まる。

- 避難情報が出るまでまっていると、みんなで避難する時間がなくなるかも…

- ひとりでにげられない高齢者や病人を助けるには、時間がかかるかも…

- みんながちゃんと避難できたかかくにんするためには、時間がかかるかも…

⬇

みんなでにげるためには、ひとりでにげるよりずっと時間がかかります。だから「早めに避難しなくちゃ」という気もちがはたらき、その結果、地域みんなの命が助かります。

# 避難時の体調管理

避難中は、ふだんとはちがうきびしい環境ですごさなくてはなりません。エアコンがなかったり、そうじがじゅうぶんにできなかったり。たくさんの人が避難所にあつまるので、物音が気になってねむれないことも。余震による不安や、災害によるショックなど、ストレスも大きいでしょう。そんなときは体調をくずしやすくなります。なるべく食事をとり、体温調節や衛生管理に気をつけてすごしましょう。

## 寒いとき・暑いときの対策

身近なもので上手に体温を調節できるくふうを知っておきましょう。ふだんの生活にも役立ちます。

**寒いとき**

- ダウンは中に着て、外側は風を通さないものを
- もしもぬれたらすぐに着がえる

**暑いとき**

- 麻など、風通しのいい素材の服を着る
- しめつけないゆったりした服を

### 手首・足首・首の「3つの首」が大切!

体をあたためるときも冷やすときも、ポイントになるのが3つの首。熱中症では、わきの下を冷やすのも効果的。

### 水分補給 | 意識して水分をとる

ふだん、飲みものからだけではなく、食事からも水分をとっています。食事がじゅうぶんにとれない災害時は水分不足になりがちです。水分を意識してとり、トイレに行くようにしましょう。

### 衛生管理 | 手をきれいにしておく！

断水になると手を洗う水が足りず、衛生状態がわるくなり、食中毒や感染症がおこりやすくなります。ウェットティッシュや手指の消毒剤をそなえ、ふだんから使いなれておきましょう。使いつづけると手があれるので、ハンドクリームもそなえを。

---

## 車中泊するときも気をつけて！

熊本地震では車で避難生活をしていてエコノミークラス症候群になった人がたくさんいました。この病気は、長い時間同じ姿勢でいることで血液の流れがわるくなり、血のかたまりができて肺につまってしまうものです。ふせぐために大切なのは水分をとることと、動くことです。車の中にこもらずに、ラジオ体操やストレッチで足の指を動かしましょう。

### 体調をくずさないためのポイント

- 水分をとる
- 体を動かす
- 足をのばしてねる

なるほど！

# ◆ 災害とトイレ

## 災害がおきたら トイレはどうなる？

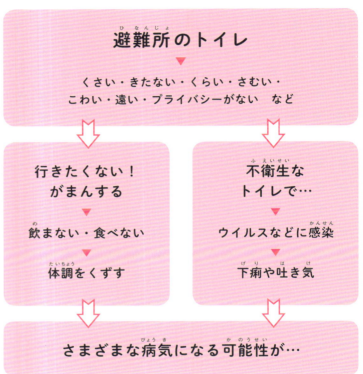

## いつでもトイレに行けるよう、そなえを！

### 携帯トイレを用意したり使えるものをさがす

自分の家で避難生活を送るときのために、携帯トイレを用意しておきましょう。携帯トイレについてはP100で紹介しています。右のページのチェックシートをやってみて、どんなものをいくつそろえればいいのか考え、用意してください。また、家にあるもので使えるものがあるかさがしておきましょう。

### 自分のトイレをしらべよう

## しらべること（家族みんな、それぞれしらべよう！）

| | |
|---|---|
| １日あたりのトイレの回数 | （ ① 　　　 ）回 |
| そなえる携帯トイレの数 | ３日分の場合<br>（ ① 　　　 ）回 × 3 =（ 　　　 ）個<br>７日分の場合<br>（ ① 　　　 ）回 × 7 =（ 　　　 ）個<br>※最低３日、できれば７日<br>※製品によって吸収量はちがいます。 |
| １回で使うトイレットペーパーの長さ | （ ② 　　　 ）cm　　いちどはかってみよう！ |
| そなえるトイレットペーパーの量 | ７日分の場合<br>（ ② 　　　 ）cm ×（ ① 　　　 ）回 × 7 =<br>（ 　　　 ）cm<br>※７日分そなえる<br>※トイレットペーパー１個の長さは製品によります。 |
| １回あたりのおしっこの量 | （ 　　　 ）ml　　毎回ちがうよ<br>※100円ショップにあるプラスチックの計量カップなどを使い、はかった後はカップを洗いましょう。 |

①②の番号がおなじところは同じ数値を入れてください

## 自分のおしっこの量、どのくらい？

おしっこの量は１回に200〜300ml、回数は１日に５〜７回が一般的。しかし、じっさいにはかってみると、出る量はそのときどきによってちがいます。人によっても差があります。おしっこの量や出かたを知ってみると、どんな携帯トイレをいくつ買えばいいかわかります（製品ごとに吸収できる量がちがいます）。自分のおしっこをしらべてみて！

トイレの後は手をきれいに！（P85参照）

**被災者の声**

# 避難するとき・避難したあと、どうだった？

2011年の東日本大震災、2018年の西日本豪雨と
北海道胆振東部地震の被災者の声を紹介します。

避難勧告が出ても家族が避難しないと言ってこまった。話し合っておく必要を感じた。（西）

テレビもネットもつながらず情報収集に使えたのはラジオだけ。ラジオは大切！（北）

被災地同士は電話がつながらず、東京にいる親せきを経由して連絡をとった。（東）

携帯の充電が切れるとアドレス帳が見られなかった。連絡先のメモが必要だと思った。（東）

熊本地震で防災意識が高まりそなえをしていたので、地震時に冷静に行動できた。（北）

避難勧告の地域に自宅が入っていなくて安心していたが、気づいたら浸水していた。（西）

災害用伝言ダイヤルはおたがいに使いかたをよく知らないと活用がむずかしい。（東）

災害が少ない土地で避難勧告もはじめて。どうしたらいいかわからなかった。（西）

ふだんからそなえていたのに、じっさい地震がきたら明かりが足りなかった。（北）

上下水道がだめになり、おふろもトイレも使えなかった。トイレはがまんしてすごした。（東）

停電がつづいたので、キャンプ用に使っていたランタンが明かりとして役に立った。（北）

※（東）（西）（北）はそれぞれ東日本大震災、西日本豪雨、北海道東部胆振地震でのコメントです。

5時間目

やってみよう！
「体験」で防災力アップ
生きる力を身につける

# 生きる力＝防災力を身につける

防災グッズをそろえて、これでＯＫ！なんて安心していませんか。それだけでは、もしものとき上手に行動できないかもしれません。災害時に生きぬく力を身につけるには、なにかがおこる前（＝いま）に体験してみることが大事。できないことや不便な点がわかり、教科書通りではない「自分に合ったやりかた」が見つかるからです。やってみる→気づく→考える。これをくりかえして、防災力アップ！

## 体験を通して、防災力が身につく！

### やってみる
災害食を食べてみたり、停電ごっこ・断水ごっこなど災害時をイメージした体験を！

くりかえす

### 気づく
缶切りが必要な缶づめがある…など、やってみてはじめて気づくことがあります。

くふうする

### 考える
気づいた点について、どうしたらいいかな？と考え、準備やくふうをしてみる。

**自由研究にもおすすめ！**

体験で防災力アップ！
# やってみよう！6つのチャレンジ

### 1. 防災マップを作ろう
ふだんよく行く場所から家や避難場所までの道のり、あぶない場所などを書いた地図を作ってみましょう。

### 2. やってみよう防災さんぽ
作ったマップを見ながらじっさいに町を歩いて、あぶない場所や安全なところをチェックしましょう。

### 3. 非常持出袋をもってみる
避難にもって行く非常持出袋を用意しましょう。必要なもの、つめかた、もてるかどうか、収納場所も確認！

### 4. アウトドアで防災ランチ®
そなえた災害食をためしに食べてみて。外で食べてみると、水や電気が使えないときの不便さもわかります。

### 5. 使ってみよう携帯トイレ
携帯用のトイレを買って、いちど使ってみましょう。使いやすさや、ほかになにを用意すればいいか、わかります。

### 6. 停電ごっこ・断水ごっこ
「使えない生活」を体験しておくことも大切。必要なものもわかり、いざというときもあわてずにすみます。

**対応力も大事だよ！**

たとえば「避難場所へはかならずこの道を通る」ときめてしまうと、そこがどんなにあぶなくても通ろうとするかもしれません。「通れないので別のルートに変える」「指定の避難場所があぶないので、ちがう避難場所へ行く」など、災害がおきたときには、その場に合った判断をすることがとても大事。ふだんからいろんな状況を想像し、くふうしたり考えたりしておくことで、そうしたとっさの対応力も身につきます。

チャレンジ1

# 防災マップを作ろう

自分用の防災マップを作りましょう。まず学校や塾など自分がよく行く場所が入った地図を書きます。次にハザードマップや過去の災害をしらべ、危険な場所を書き足します。一時集合場所、避難場所、避難所、水のみ場がある公園など、自分が利用するかもしれないところも書いてください。地域のハザードマップは市役所などで手に入れるか、自治体のホームページからダウンロードして印刷してください。

## STEP 1 ハザードマップを手に入れる

防災ガイドなどに危険な場所をしめしたハザードマップが載っている場合もあります。

ひとつの地域でも、災害の種類ごとにハザードマップがあることも。

## STEP 2 図書館で地名や過去の災害をしらべる

沼・池・川・沢など水にかかわる地名は、むかし水があった場所の可能性があるよ！

その土地のむかしのようすや、過去の災害をしらべましょう。いまはうめ立てられた住宅地でも、かつて川や沼だったところなどは水害に弱かったり、地震で土砂くずれや液状化がおきたりしやすいので注意が必要です。また、地名の由来からも、その土地のもともとのようすがわかります。地名が変わってむかしの名前がわからないときは地域の図書館へ行ってみよう！

92

### STEP 3 自分用の防災マップを書く

> 暗いときでも見やすいよう、字は大きめに！

## 自宅、学校、塾、友だちの家などよく行く場所にしるしを

しるしをつけたら、いつも通る道にある「危険かな？」と思うところも書きこみましょう。

## あぶない場所を書きこむ

過去に災害がおきた場所、ハザードマップで危険が予想されるところ、ふだんからあぶないと感じている場所などを書きこんで。

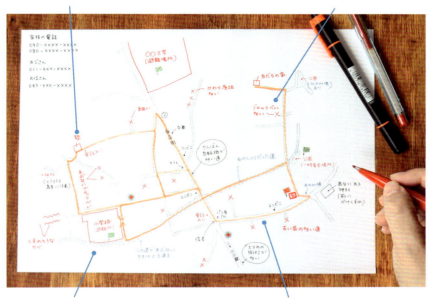

## 避難場所、避難所とそこへの道を書く

避難するときに行く、一時集合場所・避難場所・避難所がどこか、そこへどうやっていくか、わかるように。

## シールをはったり蛍光ペンでマーク

公衆電話やトイレをかりられるところ、水のあるところ、災害用地下給水タンク、緊急給水栓などにしるしを。

---

**ポイント①**

### 行きかたは数通り考える

通ろうと思っていた道ががれきでふさがっていたり、火災であぶなかったりした場合にそなえて、避難場所などへの行きかたは何通りか考えておき、状況に合わせてどこを通るかきめましょう。

**ポイント②**

### 家族の連絡先もメモ

家族の携帯電話の番号なども書きこんでおき、この地図をつねにもち歩くようにしておくと安心です。家族といっしょに防災マップを作り、みんなで情報を共有しましょう。

チャレンジ2

# やってみよう防災さんぽ

作った防災マップを見ながら家のまわりを歩く「防災さんぽ」にチャレンジ。「いま地震がきた！」と想像し、あぶないものから身を守る姿勢をとったり、とじこめられたつもりで助けをよぶ練習をしてみるのもおすすめです。くりかえし練習しておくと、いざというときにすぐ行動できます。家や学校から避難場所へも歩いてみて、防災標識や公衆電話など見つけたものを防災マップに書き足しましょう。

## 防災マップを見ながら歩こう

地震でゆれたらどうなるかな？

植木鉢もあぶない

消火器を見つけた！

火災のとき必要な、消火器や消火栓。見つけたら地図に書き足しましょう。

なにがあぶないかさがしてみよう。信号機や電柱など、ふだんはなんとも思わないものが、地震だとたおれてきて危険かも？などと想像してみましょう。

あぶないブロックべいをチェック！

住宅街で気をつけたいのは、たおれる危険があるブロックべい。ベランダに植木鉢がたくさんならんでいる家もあぶないので、なるべく近くを通らないように。

# 防災標識をさがしてみよう！

避難場所案内の標識などに見られる、災害のマーク。町で見つけて！

> なんのマークか考えてみて。答えはこのページの下に！

避難場所のマークや災害のマーク（ページ上）が書かれた標識をさがしましょう。どんな情報が書いてあるのかもよく読んで。

> 公衆電話の場所もチェック

> 小ぜにが必要なんだ！

災害時には携帯電話よりつながりやすいとされている公衆電話。どこにあるか確認するだけではなく、見つけたらためしに家に電話してみて！

にげ場のない細い路地は、なにかたおれてきたり、火災のときにも危険。なるべくさけましょう。

## 公衆電話を使うときの注意

受話器を上げてからお金を入れ、電話番号をおしましょう。10円玉のほかに100円玉とテレホンカードが使えます。100円玉はおつりが出ません。テレホンカードは停電のときは使えないので小ぜにが必要です。

※防災標識のこたえ…①津波／高潮　②洪水　③がけくずれ・地すべり　④土石流　⑤火災

95

チャレンジ3

# 非常持出袋をもってみる

避難するための非常持出袋を用意したのはいいけれど、奥のほうにしまって、すぐとり出せないなんてことになっていない？　ときどき出して点検しないと食べものや乾電池が古くなり使えない場合も。P94で歩いてみるときやP98の防災ランチ®のさい、非常持出袋をもって出かけてみてください。収納場所や中身の確認ができるうえ、もってみたら重くて歩けない！なんてことにも気づけるはず。

## ①防災リュック（非常持出袋）をとり出そう

しまった場所はわかる？

すぐにとり出せる？

ふだん使わないからと奥のほうにしまってあると、さっととり出せません。危険がせまっているときにすぐ避難できるよう、出しやすい場所（写真は玄関の靴ばこの下）においておきましょう。

中身をチェック！

期限切れだった！

水や食料のほかに非常用の明かりや携帯トイレなどにも使用期限があります。ときどき新しいものと交換して！

長い間しまいっぱなしで、リュックの中の水や食料が古くなっていない？　定期的に出して、日付をチェックして。

## つめかたのコツ

軽いもの（布など）を下につめ、その上に水などの重いものをかさねたほうが重さを感じにくく、ふたんになりません。

とり出しやすいよう、すぐ使うものは上かポケットに
（懐中電灯・携帯電話など）

外がわに軽いもの
（災害食など）

軽くてかさばるものは下に
（タオル・レジャーシートなど）

重いもの（水など）は軽いものの上や背中がわ

## ②防災リュック（非常持出袋）をもってみよう

**リュックは重すぎない？**

自分でもって歩ける重さかな？ つめすぎると動きにくくなり避難がおくれることも。動ける重さに調整しましょう。

**ひもが肩にくいこまない？**

ひもの細いきんちゃくやナップザックだと、くいこんでしまうことが。おすすめは肩ひもが太めのリュックタイプ。歩きにくいと思ったら、自分に合ったものにつめかえて！

**ふえや懐中電灯はすぐ出せる？**

ふえや懐中電灯など、すぐとり出して使う可能性があるものは、袋の中ではなく外のポケットなどに！

＼あわせてチェック！／

非常持出袋に入れるもののそなえは「親子で学ぶ防災教室 災害食がわかる本」にあります。

チャレンジ4

# アウトドアで防災ランチ®

避難場所に指定された公園まで行って、友だちや近所の人といっしょに災害食をもちよってランチをしてみませんか。みんなでもちよると、自分が知らない災害食やグッズと出会えるのでおすすめ。じっさいに作ってみると、ハサミが必要なものがあったり、苦手な食べものがあったり、いろいろ発見できます。水や電気が使えない場所で不便さを経験して、もしものときになにが必要か考えてみて！

## 災害食をもちよって、作って食べよう！

どうやって作るの？

あけるのがむずかしい…

アルファ化米を作ってみたよ！

この日はアルファ化米に挑戦。あけたことのないパッケージだったので、ひとりでは上手にあけられませんでした。ふだんからなれておいたり、ハサミを用意したりするといいかも！と発見。

お茶やスープで作ってもおいしそう！

あけるの失敗しちゃった

お水の必要性を実感！

お水を使うものが多いね…

いろんな味の商品が出ているので、食べくらべて好きな味のアルファ化米をさがしました。水だけでなく、お茶を使ってもおいしくできました！

## やってみてわかったこと（体験者親子の声）

母「防災ランチなら楽しみながら災害食を体験でき身がまえずに防災がはじめられると思いました」
子「あけかたが難しいものばかりだったので、ふだんから練習しておいたほうがいいなと思いました」

いろんなアイディアをためそう！

非常時に役立つ、かんたんなおかず作りに挑戦。じゃがいもを使ったスナックがしにお湯を入れ、おはしでくだけばポテトサラダに！

ウェットティッシュがたくさん必要！

食べおわった後は、袋や缶、のこった汁など、ごみがいっぱい。水道が止まったらどうやってかたづけよう？と考えるのも、いい経験に。

ごみがいっぱい！どうしよう

汁はどこにすてよう？

火や水を自由には使えない屋外なら、災害時に似た体験ができます。水のない環境ではウェットティッシュが必須！

チャレンジ5

# 使ってみよう携帯トイレ

携帯トイレを買って、いちど使ってみましょう。すると、手をよごしたり、おしっこがうまくかたまらなかったり、失敗することも。どうしたらうまくできるか考えてみてください。また携帯トイレは製品によって使いかたがさまざまです。特徴を知って自分に合うものをさがしましょう。排泄物はゴミの回収ができるようになるまで家におくことになるので、それをどうするか家族で話し合うことも必要です。

## 使いかたを練習してみよう！

携帯トイレの袋が便器にじかにふれないよう、あらかじめ市販のポリ袋をかぶせます。その上に便座をおろします。

①の上から携帯トイレの袋をセットします。写真のものは白い袋で、中に吸収シートが入っているタイプ。

用を足すと排泄物の水分をシートがすいこみます。ここではおしっこのかわりに、水色の水で実験しました。

使用後に携帯トイレの袋だけとり出します。空気をぬいて袋の口をきつくしばり、用意しておいた別の袋にすてます。

# いろいろある携帯トイレを使いくらべよう！

※使いかた・吸収量は製品ごとにちがいます。

### パッドやシートで吸収

袋の中にセットされた吸収パッドやシートで、排泄物を吸収するタイプ。シートだけ別売りのものもあります。

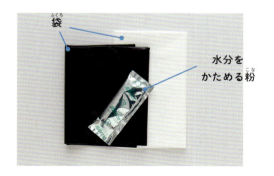

### 粉やタブレットでかためる

袋の中に凝固剤の粉やタブレットを入れて排泄物をかためるタイプ。凝固剤を入れるタイミングは製品によります。

家のトイレが使えない場合は…

### 組み立て式トイレ

たてものが倒壊するなどでトイレがこわれた場合は、トイレそのものを組み立てるタイプを。写真は、ダンボール製の携帯トイレ。

## ゴミはどうするの？

いちばん気になるのは、においもれ。災害時はゴミの収集も時間がかかり、長い日数家においておくことになります。ふたつきの密閉できるごみばこやふたつきの衣装ケースを用意するなど、対策を考えておきましょう。排泄物が入った袋はほかのゴミとは分けて出しましょう。

※消臭機能つきの袋は介護用品や赤ちゃんのオムツ売場にあります。

ふたつきのものを！

## チャレンジ6

# 停電ごっこ＆断水ごっこ

停電や断水になるとふだんの生活ができなくなります。ためしに電気や水道が使えない生活を体験するとなにを用意すればいいかわかるので、家族で「停電ごっこ」と「断水ごっこ」をやってみてください。暗闇をこわいと思わないよう、なれておくにもいいと思います。キャンプで楽しみながら体験するのもおすすめ。季節ごとに必要なものがちがうので、春休み・夏休み・冬休みなどにそれぞれやってみましょう。

## 電気や水を「使えない生活」を体験！

**電気を消して懐中電灯を！**

光るテープをはると見つけやすい！

懐中電灯の明かりだけだと光の範囲がせまくて、作業するには不便だと感じるはず。P104のランタン作りにも挑戦して。

**懐中電灯の明かりで食事してみる！**

まず、まっ暗な中で懐中電灯をさがしてみて。スイッチのある位置や、つけかたが製品によってちがうので、ためしてみて！

**手回しラジオは大変だ〜**

ハンドルを回すと本体に充電されるしくみのラジオは、電源がいらないけれど時間がかかってとても大変！ 乾電池もあるといいかも。

**水で作ってみよう！**

お湯がわかせない状況だと考えて、カップめんも水で作ってみて。季節や製品によりますが30〜45分でできます。

## 停電するとなにが使えなくなるか、考えてみて！

**使えないものの例**

道路の信号機／エレベーター／自動ドア／マンションのオートロック／立体駐車場／家の固定電話（アナログをのぞく）／換気扇／給湯器／ファンヒーター／ガス温水床暖房／リモコン式のトイレ／トイレのウォシュレット／冷蔵庫／冷凍庫／テレビなど家電全般／交通系ICカード（Suica・ICOCAなど）

※停電が長引くと給水ポンプが動かなくなる場合があり、断水になることも。
※停電したら、ストーブやドライヤーなどの電熱機器のコンセントはぬきましょう。
※エレベーターにとじこめられたら内線で管理者に連絡を入れましょう。

---

**生活用水を確保！**

断水にそなえ、ふだんからおふろに水をはりましょう。飲み水のほかにも手を洗う・洗たくするなど、水はたくさん必要！

**ポリ袋で洗たく！**

断水のときは洗たくの水も節約したいもの。ポリ袋などを使えば、少ない水でも洗たくできるので、下着などを洗おう。

ドライシャンプーなど水がないときに使う衛生用品もためして！ もしもにそなえて、なれておきましょう。

**水なしでも清潔に！**

**液体ハミガキははき出すところにこまる…**

**どうやってハミガキする？**

液体ハミガキは刺激が苦手だったり、うがいの後にはき出す場所にこまったりすることも。シートタイプがおすすめです。

103

# もしもに役立つ！サバイバル術

ペットボトルやポリ袋、新聞紙などは使いみちがいろいろ。身のまわりにあるものを活かして、災害をのりきろう！

## 作ってみよう！ ペットボトルのランタン

部屋全体を明るくしたいときには手でもつ懐中電灯より、光が広がるランタンが便利です。もしランタンタイプがなければ、ふつうの懐中電灯とペットボトルで、即席ランタンを作ってみましょう。

【いるもの】
- ペットボトル2本
- 懐中電灯
- カッター

【作りかた】
1. 空のペットボトルを懐中電灯より数センチ高いところでカット。
2. ペットボトルの中に懐中電灯を入れます。
3. 別のペットボトルを用意し、水を入れて上に重ねます。

ランタンにすると明かりが全体に広がるよ

- 水の入ったペットボトル
- 空のペットボトル
- 中に懐中電灯

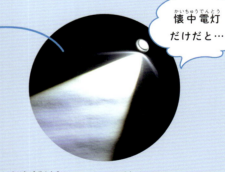

懐中電灯だけだと…

懐中電灯をそのまま使うと明るいのは一部だけでまわりはまっ暗。ランタンなら全体に光が広がります。

## ランタンのアレンジ

その場にあるものを使って、部屋を明るくするくふうをしてみましょう。
水の入ったペットボトルのかわりにポリ袋など、いろんな方法をためして！

これならすぐできる！
しばる

コップをおいて安定させる

懐中電灯にコンビニなどでもらう白いポリ袋をふんわりかぶせ（密着させない）、しばります。光が広がってランタンがわりに。

コップなどを使ってP104で作ったランタンをさかさまにおいてみてください。光の広がりかたが変わります。

※長時間使いつづけると熱くなることも。そのさいは使用をやめましょう。

## やってみよう！ 新聞紙で防寒

＼はおる／

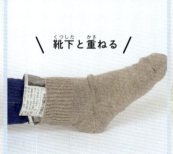

＼靴下と重ねる／

丸めた新聞紙を入れた袋に足を入れるとあたたかい！

【いるもの】
- 新聞紙
- ポリ袋

新聞紙はさまざまなことに使えて、万能。なかでも防寒に役立ちます。服の上からはおったり、靴下に重ねたり、腹まきがわりにしたり。ハンカチやラップをその上にまくと、さらにあたたかくなります。

## やってみよう！ ペットボトルシャワー

ひもでつるすと使いやすい！

バケツをおいて、使った水はリサイクル！

【いるもの】
- ペットボトル
- ペットボトル用のキャップ（シャワー状のもの）
- ひも
- バケツ

水が手に入ったらペットボトルを活用して代用シャワーを作り、手洗いなどに活用しましょう。100円ショップなどで売っているシャワーヘッド状のキャップがあると便利です。キャップがなければ、ペットボトルのフタに画びょうなどで穴をあけて作っても！

## やってみよう！ 単三電池アレンジ

布をまけば単二電池として使える

さらに丸めたアルミホイルで高さを出すと単一電池としても！

2.6cm　2.6cm　3.4cm　3.4cm

約5cm　約6cm

単三電池＋布　単二電池　単三電池＋布＋アルミホイル　単一電池

アルミホイルのかわりに10円玉か1円玉7枚を重ねてテープでとめても！

【いるもの】
- 単三電池
- いらない布きれ
- アルミホイル
- テープ

もし単三電池しかなかったら、布などをまきつけてテープでとめ、太くすると、単二や単一電池のかわりになります（布は、包帯を使うとまきつけやすいです）。単一電池は高さの調節も必要なので、丸めたアルミホイルや10円玉・1円玉など電気を通すものを使って高さを出しましょう。

## やってみよう！ バンダナ防災術

バンダナやスカーフ、大きめのハンカチ、手ぬぐいなど、布が1枚あるとさまざまな使いかたができます。しばってふくろにしたり、マスクにしたり、数枚つないでロープにしたり。避難所では、メッセージを書いて肩にかけ、まわりの人へお知らせするのにも活用できます。

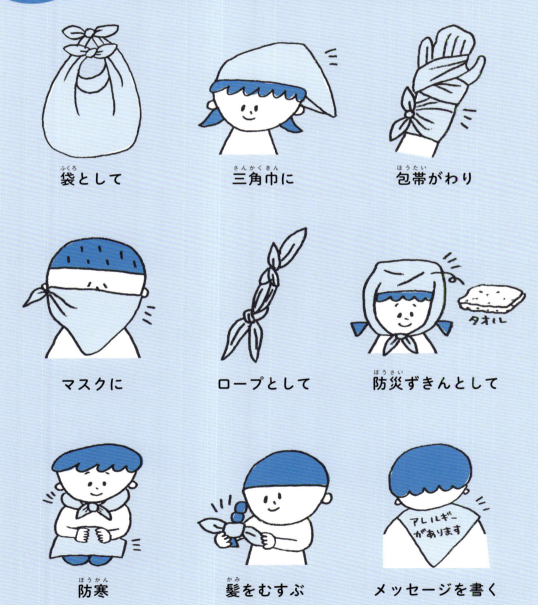

袋として　三角巾に　包帯がわり

マスクに　ロープとして　防災ずきんとして

防寒　髪をむすぶ　メッセージを書く

# 遊びながら防災体験

たまに話を聞くだけや教えてもらうだけだと、なかなか防災の知識は身につきません。救助活動をする、消火器を使うなど、災害のときに必要な行動を実際に自分で体験すると、体でおぼえることができるので、いざというときにも役立ちます。ここで紹介する「イザ！カエルキャラバン！」のように、ゲーム感覚で防災について学べるプログラムに参加すれば、楽しみながら前むきに防災にとり組めるはず！

## ゲーム形式で楽しく学べるイベントへ！

毛布で担架をつくり、けが人を安全にはやくはこぶ方法を学ぶプログラム。数人でチームになり、けが人（カエルの人形）をはこび、タイムを競います。

毛布で担架タイムトライアル

### イザ！カエルキャラバン！

NPO法人プラス・アーツが企画する、地域の防災訓練におもちゃの交換会を組み合わせたイベント。遊びながら防災知識が身につきます。企業や団体、市町村と協力し、全国各地で開催。

## 家で遊べるグッズも！

遊びながら防災について学べるカードゲームも。写真は応急手当、救援・救助、サバイバルなど、防災知識や技がおぼえられる防災カードゲーム「シャッフル」。

発売元：幻冬舎　監修：NPO法人プラス・アーツ

1 ジャッキアップゲーム

2 家具転倒防止ワークショップ

3 水消火器で的あてゲーム

被災者の声をもとに開発した防災訓練プログラムなので、震災時に役立つ体験がたくさん。 1 おしつぶされたカエル人形をジャッキを使って助けます。 2 ミニチュアの家具を使いながら、家具がたおれるようすや、転倒防止の方法を学びます。 3 訓練用の水消火器を使って的当てゲームをします。

## ゲームでポイントをためておもちゃと交換！

防災体験に参加したり、自宅にあるいらなくなったおもちゃをもって行ったりすると「カエルポイント」がもらえます。ポイントをためると、会場にあつまった好きなおもちゃがもらえる！

体験するほどおもちゃがもらえる！

# 地域の防災館へ行ってみよう
## 地域でおこる災害が体験できる！

津波、高潮、噴火、洪水。地形によって、おこりやすい災害はちがいます。自分の住んでいる地域の防災館で学び、防災力を高めましょう。

川が近い地域には浸水体験できる防災館も！

東京都墨田区

### 都心の水害が体験できる
### 本所防災館

模擬災害を体験できる施設。浸水して水圧のかかったドアを開けてみたり、暴風雨の中に立ってみることができます。局地的集中豪雨の映像や地盤の液状化実験もあり、川が近い地域でおこる災害について学べます。

神戸市中央区

### 阪神・淡路大震災の教訓を学ぶ
### 人と防災未来センター

大震災の経験や教訓をわかりやすくつたえ、防災・減災の意識を高める施設です。震災追体験フロアでは、ジオラマ模型でリアルに再現された震災直後の町なみや、地震破壊のすさまじさを音と映像で体感できます。

---

### 近くの防災館で地震や火災を体験してみよう！

防災体験館・防災センターが都道府県別にさがせる「市民防災ラボ」のホームページで、住んでいるエリアの防災館をさがしてみて。レジャー感覚で遊びながら学べる防災体験施設がたくさん！　ガイドツアーもおすすめです。

◎市民防災ラボ「日本全国の防災体験館データ」
http://www.bosailabo.jp/research/museum.htm

## おわりに

災害がおきたら、なにがあっても自分の命を守ってください。命を守れるようになるためには、ふだんから「どうやったら身を守れるかな？」と想像しておくことが役立ちます。この本で紹介した6つのチャレンジをやってみてください。ふだんの生活の中に防災をとり入れることが経験となり、自分を守る力になります。さいごに、この本を読んでくれたみなさんにお願いがあります。みなさんには「防災リーダー」になってほしいのです。「自分は防災リーダーなんだ」という気もちで、家族、クラス、地域、習いごとの仲間のみんなに、自分の知っていることを教えてあげてください。そして、避難の約束事や日ごろのそなえについて話し合ってください。私の思いをつめこんだ本書がみなさまのお役に立ってくれたらうれしく思います。

2019年6月　今泉マユ子

生きていればかならず会える！生きぬいて！！

# 今泉マユ子　Mayuko Imaizumi

管理栄養士・防災士・災害食専門員。1969年徳島生まれ。横浜在住。1男1女の母。管理栄養士として大手企業社員食堂、病院、保育園に長年勤務。現在はレシピ開発、商品開発に携わるほか、多くの資格を生かし全国各地で幅広く講演、講座、ワークショップを行う。NHK「あさイチ」「おはよう日本」日本テレビ「ヒルナンデス！」TBS「マツコの知らない世界」「王様のブランチ」フジテレビ「梅沢富美男のズバッと聞きます！」などテレビ出演や、新聞、ラジオ、雑誌などで活躍中。『「もしも」に備える食』『もしもごはん』『「もしも」に役立つ！おやこで防災力アップ』『レトルトの女王のアイデアレシピ ラクラクごはん』『すぐウマごはん』『レトルトアレンジレシピ50』他、著書多数。

防災ランチ®は㈱オフィスRMの登録商標です。

[参考資料]
Web　内閣府 防災情報のページ／総務省消防庁／気象庁／国土交通省ハザードマップポータルサイト／東京都防災ホームページ／
　　　埼玉県イツモ防災
冊子　東京防災（東京都）／東京くらし防災（東京都）／災害時のトイレをそなえよう！（東京ガス）

[資料提供]
内閣府、岡山県倉敷市防災危機管理室、宮城県多賀城市交通防災課、千葉県防災危機管理部防災政策課、
熊本県阿蘇市総務課防災対策室

[画像提供]　NPO法人プラス・アーツ、本所防災館、阪神・淡路大震災記念 人と防災未来センター

---

## 新装版　親子で学ぶ防災教室　身の守りかたがわかる本

| | |
|---|---|
| 著者 | 今泉マユ子 |
| 撮影 | 末松正義 |
| 取材 | 嶺月香里（P108〜110） |
| イラスト | matsu |
| デザイン | パパスファクトリー |
| 校正 | 宮澤紀子 |
| 発行者 | 内田克幸 |
| 編集 | 大嶋奈穂 |
| 発行所 | 株式会社　理論社 |
| | 〒101-0062　東京都千代田区神田駿河台2-5 |
| | 電話　営業 03-6264-8890 |
| | 　　　編集 03-6264-8891 |
| | URL　https://www.rironsha.com |

2019年6月初版
2019年6月第1刷発行
印刷・製本　図書印刷
©2019 Mayuko Imaizumi, Printed in Japan
ISBN978-4-652-20314-9　NDC369　B5判　27cm　111p

落丁・乱丁本は送料小社負担にてお取替え致します。本書の無断複製（コピー・スキャン、デジタル化等）は著作権法の例外を除き禁じられています。私的利用を目的とする場合でも、代行業者等の第三者に依頼してスキャンやデジタル化することは認められておりません。

※本書は『防災教室 身の守りかたがわかる本』（2019年／理論社）を再編集したものです。
掲載された情報は2019年1月時点のもので、情報が変更されている場合があります。

# 地震がおきたら、こう動く①

きほんの考えかたです。これを目安に、その場に合わせて判断してください。

**これはダメ！**
- 火や電気を使う
- エレベーターにのる
- エスカレーターにのる

### 発生0分　命を守る！

・頭や手足を守る

・落ちてくるものに気をつける

・たおれてくるものからはなれる

屋内なら出口を確保！

**これはダメ！**
- はだしで歩きまわる
- パニックになる
- すぐにかたづけをする

### 1〜5分　安全確認

| けがしてないか？ | くつをはき、足を守る | 火事なら大人に知らせる |
|---|---|---|
|  |  |  |

危険ならすぐにげる    とじこめられたら音を出す

# 地震がおきたら、こう動く②

> **これはダメ！**
> 家族がくるまで行動しない
> 海にようすを見に行く
> 防災無線を聞かない

### 5〜10分　避難の用意

**ようすを確認する**
目と耳と鼻を使って、おかしいことがおきていないか気づいて！

1. 見る
2. 聞く
3. かぐ

**避難に必要なものを出す**
ヘルメット・靴・マスク・レインウェア・手袋・懐中電灯・非常持出袋

**情報をあつめる**
災害の状況をしらべる。デマには注意。スマホに夢中にならない！

デマ？

たよれる大人をさがそう

> **これはダメ！**
> 車でにげる
> ひとりで救助・消火活動
> まわりのようすを気にしない

### 10分〜　避難の判断

- 学校が安全なら、とどまる
- 家が安全なら、家でようすを見る
- 津波・土砂くずれ・火災など危険を感じたら、すぐにげる
- いつでもにげられるように準備し余震に気をつけてすごす

**あぶないときは避難場所へ！**
危険をさけるために一時的に避難するところが避難場所（下の2つがあります）です。災害の種類によって安全な避難場所がちがうことがあるので、確認を。

| 一時集合場所 | 避難場所 |
|---|---|
| 学校の校庭や地域の小さな公園。近くに住む人が一時的に避難するところ。 | 大きな公園や大学など。火災などで地域全体があぶないときに避難するところ。 |

★避難するときは…
①ブレーカーをおとす　②ガスや水道の元栓をしめる　③家族へメッセージ　④家のカギをかける